중국어 공부
그거 그렇게 하는 거 아닌데

중국어 공부
그거 그렇게 하는 거 아닌데

서수빈 지음

원앤원북스

단지 중국어 하나
잘했을 뿐인데

저는 9살 때 중국으로 유학을 떠나 그곳에서 초등학교부터 고등학교까지 졸업하게 되었습니다. 이쯤 말하면 '한국어보다 중국어가 더 편하지 않느냐'는 질문을 듣곤 합니다. 말하자면 저는 두 언어 모두 편하게 구사할 수 있는 '바이링구얼(bilingual)'입니다. YBM, 비상교육 수박씨닷컴, 다락원, 패스트캠퍼스 등에서 온라인 중국어 강사로 활동하며 쌓은 업력과 경험을 토대로, 지금은 아동 대상 교육 회사 '리더키트'를 운영하며 '꼬꼬마 사업가'로서 성장 중입니다. 교육업계에 발을 들인 이후로 다년간 효율적인 어학 교수법을 고민하고 콘텐츠를 제작하는 데 많은 시간을 보내고 있습니다.

그 외에도 여러 활동을 하다 보니 다양한 호칭으로 불리곤 합니다. 선생님, 강사, 대표, 통역사, MC, 거기에 유튜브 크리에이터까지. '부캐 만들기'가 지금처럼 일종의 문화로 자리 잡기 훨씬전부터 저는 이미 '프로 N잡러'의 삶에 익숙해져 있던 셈입니다. 주변에서는 그렇게 많은 역할을 수행하다 보면 지치지 않느냐고걱정스레 묻곤 합니다. 그러나 저는 오히려 다양한 활동으로 경험의 폭을 넓히고 수많은 직업군의 사람들을 만나며 원동력을 얻었고, 지루할 틈 없는 삶을 살아올 수 있었습니다.

이렇게 제가 수평적으로 벌여놓은 것만 같은 수많은 프로젝트의 중심은 오직 하나, 중국어입니다. 중국어를 주축으로 하는 일이다 보니 여러 역할을 동시에 수행해도 그리 혼란스럽지 않은것입니다. 결과적으로 '단지 중국어 하나 잘했을 뿐인데' 수많은기회를 만나 성장할 수 있었습니다.

특히 강의를 하다 보면 저처럼 세상에 대한 호기심이 가득한사람들을 많이 만나게 되는데, 그때마다 꼭 사이비 종교의 교주가 된 것 같은 기분이 듭니다. 그들에게 믿음을 실어주려는 종교

인처럼 '중국어는 사실 그리 어렵지 않다'는 말을 시작으로 '중국어 하나 잘 해두면 얼마나 많은 기회를 잡을 수 있는지'에 대해 구구절절 이야기하곤 하니까요.

이 한 차례의 사탕발림 같은 '의식'을 치르고 나면 학생들이 모여 앉은 곳은 으레 활활 타오르는 의지로 뜨거워집니다. '선생님, 숙제도 많이 내주시고요. 뭐든 시켜만 주세요. 잘 해보겠습니다.' 마치 눈빛으로 이렇게 말하는 것 같기도 하고요. 그런데 그중 일부는 여전히 의심을 거두지 못하기도 합니다. '중국어를 잘 배울 수 있다는 것이 사실일까?' '중국어를 활용해서 기회를 잡는 것도 원어민 같은 수준이 아니면 불가능한 게 아닐까?' 하면서요.

어학 공부의 궁극적인 목적은 소통입니다. 목적이 여행이 되었든, 비즈니스가 되었든 결국 누군가와 대화하고 필요한 바를 얻어내기 위해 언어를 배웁니다. 게다가 언어를 배우다 보면 그 나라에 대한 친근함이 싹트게 되어 보다 열린 마음으로 타국 문화를 알아가고 이해할 수 있게 되죠. 타자화에 익숙해져 자신이 속하지 않은 집단에는 관심을 가지려 하지 않는 게 보통의 현대인입니다. 그러나 국경 너머 들리는 목소리에 귀 기울이고 대화를 시도하다 보면 자연스레 세계관이 확장되지요. 그래서 새로운 언어를 배우는 사람의 삶은 더욱 풍성해지고 긍정적인 방향으로 나아가게 됩니다.

제가 교육을 생업으로 삼게 된 이유는 학생들도 이를 경험해 보길 바라는 마음에서였습니다. 앞서 언급했듯이 저는 운 좋게도 중국어라는 어학 능력 덕분에 소통할 수 있는 대상의 범위가 14억 명으로 대폭 확장되었습니다. 또한 하나의 외국어를 정복했다는 성공의 경험이 누적되어 낯설고 새로운 것에 과감히 도전할 줄 아는 용기도 생겼죠.

저는 다른 이들도 중국어에 대한 성취를 발판 삼아 성공에 한 발짝 가까워지길 진심으로 희망합니다. 마치 깨달음을 얻게 된 아르키메데스가 "유레카!"를 외치며 옷도 채 입지 않고 거리를 활보했듯, 저 역시 학생들에게 삶의 재미를 하나 알려주고 싶어 졸음을 견디고 시간을 쪼개가며 쉼 없이 달려왔습니다.

중국어는 굉장히 매력 있는 언어입니다. 낯설기 때문에 알아가는 재미가 있고, 한국어와 닮은 면이 있기에 이해가 쉬운 면이 많죠. 따라서 마음만 먹으면 가장 쉽게 배울 수 있는 언어라고 자신 있게 말할 수 있습니다. 수업 첫날 학생들에게 하는 '사탕발림'은 결코 빈말이 아닌 셈입니다.

그러니 이번 기회에 이 글을 읽는 독자들과 함께 중국어에 대한 편견을 지우고, 이해를 더해보고자 합니다. 또 제가 그동안 누적해왔던 학습 노하우를 모두 풀어내며 중국어를 가장 효율적이고 재미있게 배울 수 있도록 가이드를 제공해드리려고 합니다. 여러분에게 꼭 맞는 중국어 공부법을 찾아 놓칠 수도 있었던 수많은 기회를 잡고, 성공에 한 발짝 더 가까워지기를 바랍니다.

여러분, 14억 명의 인구와 신나게 소통할 준비되셨나요?

서수빈

3장 중국어 공부 그거 이렇게 하는 건데

4장 나에게 꼭 맞는 공부법을 찾아라

1장

중국어가 인생을 바꾼다,
진짜로

언어가 관계를
만든다

과거에는 중국어를 배우려는 성인 학습자들이 대개 직장인이었다면, 요즘에는 수요층이 점점 다양해지고 있다는 걸 느낀다. 특히 이름만 대면 알 법한 회사의 CEO들도 종종 수업을 요청하는데, 중국어를 배우고자 하는 이유가 무척 흥미롭다. 이전에는 업무적으로 중국어가 필요할 때 직원에게 교육을 시키거나 중국어를 할 줄 아는 사람을 채용하곤 했는데, 막상 본격적으로 중국 사업을 시작하니 답답한 게 이만저만이 아니라는 것이다. 직원이 제대로 하고 있는지 확인하는 데 한계가 있을뿐더러, 결정권자인 대표가 중국어를 전혀 할 줄 모르니 미팅을 아무리 여러 번 반복

중국어가 인생을 바꾼다. 진짜로

해도 사업에 진척이 없다고 했다.

'그래도 그렇지. 이제 와서 내가 직접 1~2년 배운다고 중국 유학 다녀온 직원보다 더 잘할 수 있겠어?' 이런 생각이 들 수도 있다. 그러나 생각해보자. 여러 사람이 빙 둘러앉은 회의실 테이블 위로 낯선 언어가 핑퐁처럼 오가는데 나 혼자 아무것도 알아들을 수 없는 상황. 사람들이 빵 터져 웃어도 왜 웃는지 몰라 민망해하며 분위기에 맞춰 대충 멋쩍은 웃음소리를 내고, 언성이 높아지거나 분위기가 얼어붙을 때는 어리둥절해 눈치만 살피게 될 것이다. 회의 중간에 직원들에게 대놓고 '분위기가 왜 이런 것이냐'고 물어볼 수도 없는 노릇이다. 회의가 길어지면 길어질수록 심리적 고립감은 커져만 간다. 분명 두세 마디라도 알아듣는 것과 단 한 마디도 알아듣지 못하는 것은 심리적으로 큰 차이가 있다.

게다가 회사를 운영하는 사람들은 대개 중국어를 원어민처럼 유창하게 구사하는 것을 목표로 하는 것도 아니다. 상황에 맞는 인사나 간단한 농담 정도 할 줄 아는 것만으로도 사업에 큰 도움이 되리란 걸 알기에, '조금이라도 배우는 게 남는 것'이란 생각으로 새로운 배움의 문을 열고자 하는 것이다.

이는 중국에서 사업 성패를 가르는 데에 '꽌시 문화'가 여전히 크게 작용하기 때문일 수도 있다. '꽌시'는 드라마 〈미생〉의 대사로 등장해 포털사이트 실시간 검색어 순위에 오르며 이미 많이 알려진 단어다. '관계'를 뜻하는 중국어 단어 '关系[guānxi]'의 발음으로, 인간관계 또는 인맥을 의미한다. 중국인과 안정적인 꽌시를 만들기란 하늘의 별 따기다. 우리나라에서는 주로 학연이나 지연처럼 특정 지역이나 집단이 인간관계의 간접적인 가교 역할을 해준다. 그러나 중국의 꽌시는 개인 대 개인의 관계만을 의미하기 때문에 직접적이고도 깊은 연을 맺지 않고서는 인맥을 형성했다고 보기 어렵다. 고로 말이 통하지 않으면 진정성 있는 관계를 형성하는 것이 어렵고, 따라서 중국 사업 진척에 크고 작은 어려움을 겪을 수밖에 없다.

게다가 중국 사람들은 국내 기업이 중국 진출에 얼마나 큰 기대를 걸고 있는지 너무도 잘 알고 있다. 그러한 마음을 악용해 부당한 이익을 취하고자 접근하는 나쁜 사람도 어디에나 섞여 있기 마련이므로, 언어와 문화에 대한 이해가 거의 없는 상황이라면 속임수에 훨씬 쉽게 넘어가게 된다. '중국 사업 하려다 사기당했다'는 이야기가 속출하는 것이 바로 그 증거다.

진심을 전달하는
가장 기본적인 수단

하루는 유명 소셜커머스 기업의 이사회 의장직을 맡고 있는 학생에게서 연락을 받았다.

> "선생님! 제가 중국 정부 주최 행사에서 회사 PT를 할 기회가 생겼습니다. 발표 준비 좀 도와주실 수 있나요?"

회사 내에 중국어가 유창한 직원도 있었지만 5~10분가량 되는 서론 부분만이라도 본인이 직접 발표하고 싶다는 것이었다. 발표 날까지 시간적 여유가 없었기에 일일 특훈이 이뤄졌다. 그리고 수업 다음 날, 덕분에 '킥오프'를 잘 해냈고 PT도 좋은 분위기 속에서 마무리되었다는 감사 문자를 받았다.

이 학생은 결코 중국어를 능숙하게 구사하는 편이 아니었다. 그럼에도 발표회에서 긍정적인 분위기를 이끌어낼 수 있었던 건 해당 언어로 소통하고자 노력하는 진정성 덕분이었으리라 생각한다. 중국 사람들 앞에서 중국어를 사용해 사업 내용을 전달하고자 했던 태도가 그들에게 신뢰를 심어주었을 것이다.

돌이켜보면 대학도 졸업 못 한 햇병아리였던 내게 상호 간의 신뢰 하나로 덜컥 중책을 맡기는 사람들이 꽤 있었다. 한번은 삼성전자와 중국 OLED 제조기업의 비즈니스 미팅에서 통역을 맡은 적이 있다. 서로의 입에서 거액의 숫자가 오가는 중요하고도 예민한 자리였다. 협상 테이블 위에서의 핑퐁은 무난하게 끝났지만 개인적으로 아쉬움을 감출 수 없었다. 중국어를 유창하게 할 수 있을지언정 전문 분야에 대한 상식이 부족해 몇 번의 난관을 겪었던 탓이다. 전문 통역사를 고용했다면 협상 진행이 훨씬 더 원활했을 것 같은데, 왜 굳이 내게 이 일을 맡겼는지 의아했다. 그래서 중국 회사 측 회장님께 이 일에 대해 솔직하게 물었고, 그때 들은 대답이 아직까지 잊혀지지 않는다.

"샤오 쉬(성을 따서 부르는 일종의 애칭이다), 실력 있는 사람과 함께하는 것도 물론 좋지만 우린 믿을 수 있는 사람이 더 중요해요. 우리 측도 샤오 쉬가 잘해줄 것이란 믿음이 있으니 오로지 회의 내용에만 집중할 수 있었어요. 그러니 오늘 또한 좋은 결과를 만들어낼 수 있었던 겁니다."

중국어가 인생을 바꾼다, 진짜로

꽌시가 곧 '인간관계'를 뜻하는 단어라는 걸 생각해보면, 꽌시를 쌓기 위해서는 진정성이 바탕이 되어야 한다는 걸 쉽게 알 수 있다. 사람 마음은 국적을 불문하고 비슷한 측면이 있으므로, 어쩌면 중국인들에게 있어 업무의 전문성보다 더 중요한 건 인간적인 믿음이 아닐까? 그리고 그 진심을 전달하는 데 가장 기본적인 수단이 '언어'라는 것은 누구도 부정할 수 없는 사실이다.

꽌시를 위한 어학 공부가 너무 거창하게 느껴진다면, 좀 더 소박한 목적을 가져봐도 좋다. 중국인들과 함께하는 술자리에서 멋들어진 건배사를 외친다거나, 중국 술과 관련한 지식들을 간단하게 풀어낼 수 있는 정도만 되어도 그 자리에 있는 사람들로부터 훌륭한 평가를 받을 수 있을 것이다.

우리나라 연예인들이 외국인들에게 한국 음식을 판매하는 예능 프로그램에서 자주 보여주는 장면이 있다. 바로 외국인들이 한국 음식에 대한 호평을 하거나 우리나라 문화에 대한 칭찬을 하는 모습이다. 〈윤식당〉이나 〈현지에서 먹힐까?〉 같은 프로그램을 떠올려보자. 우연히 식당에 방문한 손님이 우리나라 음식을 먹고는 "나는 이렇게 건강한 느낌의 음식이 좋아!"라든지, "예전에 한국에서 김치를 먹어봤어. 정말 특별한 음식이야." 같은 말을 하면 괜히 기분이 좋기도 하고 그 인물에게 호감을 갖게 된다. 유튜브만 봐도 외국인이 케이팝 뮤직비디오나 한국 드라마에 어떤 반응을 보이는지를 담은 '리액션 비디오'가 인기 있다는 걸 알 수 있다. 즉 외국인들이 한국 문화를 좋아하고 즐기는 모습을 많은 한국인들이 보고 싶어 한다는 뜻이기도 하다. 같은 맥락에서 중국 사람들 역시 우리가 그들의 문화와 언어를 좋아하고 배워가는 모습이 신기하기도 하고 고맙기도 할 것이다.

누구든 자신이 속한 집단에 대한 관심과 애정을 보여주면 자연스레 호감을 느끼게 된다. 그러니 중국 사람들의 호감을 사야 하는 상황에서는 서투르게나마 중국어 몇 마디를 건네는 것만큼 확실한 방법이 없을 것이다. 거기에 다국어를 구사하는 스마트한 이미지도 덤으로 챙길 수 있으니 일석이조나 다름없다.

전 세계에서
써먹는 중국어

수업 첫날 이런 질문을 하는 학생이 꼭 한 명씩은 있다.

"선생님, 중국은 워낙 땅이 커서 사투리도 심하다던데 저희가 중
국어를 배우면 홍콩, 대만 같은 곳에서도 쓸 수 있는 건가요?"

거두절미하고 답하자면 중국어 표준어인 보통화는 어느 지역
에서나 통용된다. 북방지역을 중심으로 내륙지방에서 쓰는 표준
어를 '만다린(Mandarin)' 또는 '보통화(普通话)'라고 부르고 광동
지방에서 쓰는 방언을 '캔토니즈(Cantonese)' 또는 '광둥어(广东

话)'라고 한다. 이 둘은 같은 나라에서 쓰는 말이라는 게 믿기지 않을 정도로 언어 차이가 심하다. 마치 서울말과 제주 방언의 차이 같달까? 그러나 광둥어를 쓰는 지역에서도 표준어인 보통화를 교육하기 때문에 표준어 하나만 잘 배워두면 대륙 어디에서나 의사소통이 가능하니 걱정하지 않아도 된다.

심지어 중국어의 사용처가 중국에 국한되는 것도 아니다. 싱가포르, 말레이시아, 필리핀, 인도네시아, 태국, 베트남, 캄보디아 등의 지역에는 다수의 화교들이 분포해 있어 이들이 모여 있는 특정 지역에서 중국어가 주로 쓰이기도 하고, 일부 학교에서는 중국어를 가르치기도 한다. 앞서 언급한 여러 나라 중 싱가포르는 공용어로 말레이어, 중국어, 영어, 타밀어 네 가지 언어를 갖고 있는 특이한 나라다. 무려 70%가 넘는 국민이 중국계 화교이기 때문에 일상에서 보통화를 많이 사용한다. 지금은 영어 사용자와 중국어 사용자가 거의 반반일 정도다.

싱가포르 하니 떠오르는 일화가 있다. 2018년 여름, 국내 의료단지 개발을 위해 싱가포르에서 열린 투자자 미팅에 투자 컨설팅 담당으로 참석한 적이 있다. 미팅의 시작은 분명 영어였으나 중간에 중국어가 조금씩 섞이더니 나중에는 아예 모든 대화가 중국어로 이뤄졌다. 화교 출신인 싱가포르 3대 부호 중 한 사람이 투자자로 참석해 모두가 그의 눈치를 보고 있는 중이었는데, 핵심인물 입에서 중국어가 흘러나오기 무섭게 영어 회의가 중국어 회의로 바뀌어버린 것이다. 시나리오에 없던 돌발 상황이었기에 우리 측에서 따로 중국어 통역사를 데려왔을 리가 만무했고, 그날 회의 통역 역시 얼떨결에 내 몫이 되어버렸다. 겉으로는 침착한 척했지만 등줄기에 식은땀이 줄줄 흐르는 상황이었다. 투자 유치를 성사시켜야 하는 우리나라 공무원들은 아마 두 배로 아찔했을 테다.

심지어 유럽 여행에서도 중국어를 요긴하게 써먹은 일도 있다. 2019년 여름, 동생과 떠난 스페인 여행에서였다. 귀국 날짜가 코앞으로 다가와 아쉬운 마음에 조금 늦은 시간이었지만 숙소 근처라도 돌아보자며 문밖을 나섰다. 그런데 길거리 술집 몇 군데를 넋 놓고 구경하다 보니 어느새 번화한 거리를 지나 분위기가 거친 골목까지 들어가게 된 것이다. 방향감각을 잃은 데다 설상가상 휴대폰도 꺼져 숙소까지 어떻게 찾아가야 할지 무척 막막했다. 한창 거리를 헤매던 그때, 복장에서나 목청에서나 존재감을 있는 힘껏 뽐내는 중국인 관광객 무리를 만났고 그들의 도움을 받아 간신히 숙소까지 돌아갈 수 있었다. 중국어로 소통이 가능한 덕이었다.

유럽에서 학교를 다니는 우리나라 유학생이 이런 이야기를 한 적이 있다. 자신이 어떤 학생 무리로부터 동양인을 비하하는 차별적 언행을 당하고 있었는데, 이를 지켜보던 중국인 유학생이 손에 쥐고 있던 물건을 냅다 던지며 그들을 향해 불같이 욕을 쏘아댔고, 서양인 무리는 굉장히 당황한 얼굴로 서둘러 도망갔다고 한다. 이런 문제에 있어 웬만해선 참지 않는 중국 사람들이 옆에 있으니 그 친구는 내심 통쾌하기도 하고 든든하기도 했을 테다.

또 한번은 유럽 여행 도중 한 소형 미술관에 방문했는데 하필이면 영어 오디오 가이드가 모두 대여 중인 상태였다. 그때 다행히 남아 있는 중국어 버전의 오디오 가이드를 대여해 전시를 알차게 관람할 수 있었다. 가이드 없이 눈으로만 쓱 보고 나왔다면 얼마나 아쉬웠을까.

이러한 일화는 재미를 위해 반 우스갯소리로 풀어놓은 이야기지만, 중국어를 공부해야 하는 이유에 왠지 모를 설득력을 더한

중국어가 인생을 바꾼다. 진짜로

다. 세계에서 가장 널리 쓰이는 언어는 영어지만, 가장 많은 인구가 쓰는 언어는 중국어라고 한다. 중국 인구만 14억 명이 넘으니 그럴 수밖에. 게다가 2018년 기준, 중국의 해외 여행자 수가 1억 4천만 명을 넘었다고 한다. 압도적인 인구수의 힘으로 중국인은 어디에나 있기 때문에, 중국어를 배워두면 예상치 못한 상황에서 큰 도움을 주고받을 수 있다는 점을 인정하지 않을 수 없다. 특히 해외에서는 같은 동양인이라는 사실만으로도 든든하게 느껴지는 순간이 생길 수도 있으니 말이다.

이렇듯 중국어는 오직 중국에서만 쓰이는 게 아니기 때문에 잘만 배워두면 기대했던 것 이상으로 든든한 힘이 되어줄 것이다. 아무래도 중국어를 잘 배워야 할 명분이 하나 더 생긴 듯하다.

나의 중국
유학 분투기

9살, 부모님의 품을 떠나 난생처음 중국 땅을 밟게 되었다. 부모님께서 오랜 다툼 끝에 결별을 택해 나와 동생을 보살피기 어려워진 탓이었다. 마침 큰아버지가 베이징에서 무역 사업을 하고 계셨기 때문에 중국으로 떠나 사촌언니들과 함께 생활하게 되었다. 그러나 큰아버지의 얼굴을 보는 일은 많지 않았다. 초등학교 때부터 학교에서 기숙사 생활을 했기 때문이다.

중국어를 전혀 할 줄 모르는 상태로 학교에 입학했다. 한국 학생이 거의 없는 베이징 외곽 지역의 사립학교였기 때문에 내가 학교에 등장하자마자 친구들이 책상 주변으로 우르르 모여들었

중국어가 인생을 바꾼다. 진짜로

다. 친구들은 신기해하며 말을 걸었지만 그때 나는 아무것도 듣지도 말하지도 못했다.

김초엽 작가의 SF 소설 중 우주선 고장으로 낯선 행성에 조난당한 주인공이 외계인을 만나게 되는 이야기가 있다. 주인공이 외계인을 처음 조우하는 장면에서 문득 처음으로 중국 학교에 등교하던 그날이 겹쳐 보였다. 처음 보는 사람들이 나를 에워싸고 무언가를 끊임없이 말하는데 조금도 알아들을 수가 없었다. 자기들끼리 수근거리며 웃기도 하고 손뼉을 치기도 하는데, 아무런 소통이 되지 않는 상황에서는 상대의 사소한 행동이 호의인지 악의인지조차 구분하기 어려웠다. 나를 환영하는 건지, 경계하는 건지, 가만히 앉아 있는데도 속이 울렁거리는 기분이었다.

마음속으로 '빨리 집에 돌아가고 싶다. 제발 엄마가 와서 날 꺼내줬으면.' 하고 간절히 바라고 있던 그때, 한 여자아이가 내 손을 덥썩 잡더니 복도로 끌고 갔다. 얼떨결에 끌려간 곳은 바로 화장실 문 앞이었다.

"This! No! This! Yes!"

남자 화장실과 여자 화장실을 각각 가리키며 말했다. "여긴 남자 화장실이니 들어가지 말고, 여기는 여자 화장실이니 들어가도 돼." 아마 이 말을 하고 싶었던 것일 테다. 제 키만큼 짧은 초등학생의 영어로.

다행히도 그곳이 영어 교육을 중요시하는 사립학교였기에 짤막한 영어 문장으로나마 친구들과 대화할 수 있었다. 나 역시 딱 초등학교 저학년 수준의 형편없는 영어 실력을 갖고 있었지만, 그래도 그것이 꼭 외딴섬에 조난된 내가 가진 유일한 연장같이 느껴졌다. 앞서 말했듯, 소통이 아예 불가능한 것과 서너 마디라도 대화할 수 있는 건 상당히 큰 차이가 있으니 말이다.

"This! No! This! Yes!"에서 짐작할 수 있듯이 중국 친구들과 선생님 모두 내게 한없는 친절을 베풀었다. 외국인으로서의 불편함과 어려움을 이해해주는 그들 덕에 많은 배려를 받았다. 그러나 그조차 '힘든 상황'을 '조금 덜 힘든 상황'으로 만들어주는 정도였다. 누구에게도 정서적으로 기댈 수 없는 상황이 9살 아이에겐 늘 두려움이자 스트레스였다. 낯선 환경과 알아들을 수 없는 언어에 시달리다 밤이 되면 이불을 뒤집어쓰고 베개를 눈물로 적셨다. 어두컴컴한 기숙사에서 정말 매일같이 울었던 걸로 기억한

중국어가 인생을 바꾼다. 진짜로

다. 같은 방을 쓰는 룸메이트들이 "선생님, 수빈이가 또 울어요!"
소리치면 사감 선생님이 달려와서 휴지를 쥐어주며 토닥여주다
가는 게 일상이었다. 나중에는 중국 친구들이 어딘가에서 "울지
마."라는 한국말을 배워올 정도였다.

'하나님, 부처님, 공자님. 부모님이 다시 화해해서 제가 한국으
로 돌아가게 해주세요.'라고 매일같이 기도했지만, 바람과 달리
시간은 부지런히 흘러갔고 기대하던 기적 따위는 일어나지 않았
다. 눈을 뜨면 여전히 기숙사 2층 침대의 철제 침상이 가장 먼저
시야에 들어왔으니 말이다.

그러다 어느 순간, 지금 처한 상황을 받아들이는 수밖에 없다
는 걸 본능적으로 인지하게 되었다. 어쩌면 반복되는 일상 덕분
에 나도 모르게 적응을 하게 된 걸 수도 있다. 그때부터 중국인
선생님과 일대일로 마주 앉아 힘겹게 중국어 첫걸음을 떼기 시작
했다. 초등학교 1학년 교재로 한어병음(중국어를 로마자로 표기하
는 발음 부호. 你好[nǐhǎo]에서 nǐhǎo 부분을 가리킨다)부터 배우기 시
작했다. 선생님의 말을 따라서 발음해보는 식이었다(이런 형태의
교육 방식을 '청각구두식 교수법'이라고 한다). 선생님은 하루 반나절
을 책상에 앉아 멍하니 보내는 내 모습이 안쓰러웠는지 수업시

간에 할 수 있는 숙제도 내주셨다. 다른 친구들이 수업을 들을 때 나는 한어병음을 읽거나 따라 쓰곤 했다.

한번은 수업 시간에 뜬금없이 엉엉 울음을 터뜨리는 바람에 수업 한 교시가 통째로 날아간 적도 있다. 선생님이 내준 발음 숙제를 하는데 아무리 애를 써도 ü 발음을 낼 수 없었기 때문이다. 답답한 마음에 눈물이 쏟아졌고 선생님과 친구들은 모두 당황하며 영문도 모른 채 우는 나를 달래기 바빴다. 말이 전혀 안 통하니 우는 까닭을 물을 수도 없어 다들 나 못지않게 답답했을 것이다.

흔히 외국어는 '혀가 굳기 전'인 어린 나이에 배워야 정확한 발음을 구사할 수 있다고 한다. 어린아이의 혀가 말랑말랑해 모든 발음을 다 능숙하게 따라 할 수 있을 것 같지만 반드시 그렇지만은 않다. 어린아이도 결국 꾸준한 연습을 통해 발음 원리를 체득해야 한다. 나만 해도 분명 어린 나이에 언어를 배웠지만 정확한 조음 방법을 모르니 제아무리 시도해도 ü 발음을 할 수 없어 눈물까지 쏟았으니까.

지금이야 입술을 '우' 모양으로 고정한 뒤 '위' 발음을 내면 된다는 명확한 발음 팁을 알고 있지만, 그때는 내게 그런 걸 가르쳐 줄 수 있는 사람이 없었다. 그래도 선생님을 따라 발음하기를 며

중국어가 인생을 바꾼다, 진짜로

칠 반복하고 나니 영 어렵기만 했던 발음이 조금씩 자연스럽게 변하기 시작했다. 반복적인 섀도잉(외국어를 들음과 동시에 따라 말하는 학습 방법)으로 다듬어진 셈이다. 그래서 나는 이러한 경험을 바탕으로 성인 학습자들에게도 용기를 주고 싶다. 나이를 불문하고 조음 방법만 정확하게 인지하면 꾸준한 연습을 통해 완벽에 가까운 발음을 구사할 수 있다는 의미이기도 하니까.

굳이 힘들게
배울 필요는 없다

다시 그때 이야기로 돌아가보자. 여러 고난(?) 끝에 한어병음을 다 익혀 어설프게나마 중국어를 읽을 수 있는 수준이 되자 선생님은 실용적인 표현을 가르쳐주셨다. 마찬가지로 선생님이 한 마디 하면 내가 따라서 한 마디씩 말하는 식이었다. 특이했던 점은 글자를 하나하나 끊어 읽는 게 아니라 한 문장을 유기적으로 연결해 노래하듯 읽고 외웠다는 것이다.

"너 밥 먹었니?"라는 의미의 "니츠판러마(你吃饭了吗)?"라는 문장을 예로 들어보겠다. 일반적으로 성인이 중국어를 배울 때는 "이 문장에서 '니'는 '너'라는 뜻이고, '츠'는 '먹다'라는 동사고 '판'은 '밥'이라는 목적어 명사고…"라는 식으로 문장을 의미 단위로 쪼개 분석한다. 반대로 나는 선생님의 "니츠판러마?"라는 문장을 듣고 문장 전체가 정확하게 발음될 때까지 반복적으로 따라 했다. 중국어 문장은 띄어쓰기가 없다. 따라서 글자마다 또박또박 끊어 읽는 습관이 들면 긴 문장을 말할 때 대체 어디서 쉬어야 하고 어디에다 강세를 주어야 할지 헷갈리기 쉽다. 그러니 처음부터 문장의 전체적인 흐름이나 리듬을 익히는 것이 좋다. 중국어 성조의 특성을 힘껏 살려 노래 부르듯이 배우면 중국어 공부가 재밌게 느껴질 것이다.

선생님은 더 나아가 문장을 말할 때 표정이나 몸짓을 활용했다. 예를 들어 빨간 사과를 보여주며 '사과'라는 단어를 알려주었고, 청사과를 꺼내 빨간 사과와 비교하며 '초록색'과 '빨간색'이라는 단어를 가르쳐주었다. 더 나아가 사과를 한 입 베어 물고 행복해하는 표정으로 "하오츨(好吃)!" 하고 과장된 연기를 보여주기도 했다. 누가 들어도 "아, '하오츨'이 맛있다는 뜻이구나!" 하고 이해할 수 있도록 말이다. 헬렌켈러가 '물'이라는 단어를 배울 때

중국어가 인생을 바꾼다, 진짜로

설리번 선생님은 수도꼭지에서 물을 틀어 손으로 느끼게 해주었다. 어쩌면 나도 헬렌켈러처럼 쌍방향의 소통이 불가능한 상황에서 중국어를 더듬더듬 익혀간 셈이다.

물론 성인인 여러분들이 굳이 이렇게 힘들게 언어를 배울 필요는 없다. 다만 언어를 배울 때 적어도 다음 두 가지는 기억하면 좋겠다. 첫째, 살아 있는 언어를 배워야 한다. 내가 일상생활에서 자주 접하는 사물(사과)과 평소에 종종 쓸 법한 표현(맛있다)부터 배우기 시작했던 것처럼 실생활에 밀접한 표현을 먼저 배워야 한다. 그래야 그 말을 직접 내뱉어볼 기회도 많아진다. 한 문장을 두고 단어 단위로 쪼개가며 문법 구조를 분석하는 것도 분명 학술적 접근으로서 의미가 있겠지만, 언어 학습에서 가장 중요한 건 '진짜 소통의 도구'로 쓰일 수 있는 말을 배워야 한다는 점이다. 이를 두고 중국 사람들은 '훠쉐훠용(活学活用)'이라고 한다. 살아 있는 걸 배워서 생생하게 사용하라는 의미다. 제 아무리 뜻깊은 철학을 담고 있는 멋들어진 말도 내 입 밖으로 나오지 않는 이상 '죽은 언어'에 불과하다.

둘째, 언어는 무조건 재밌게 배워야 한다. 이유는 간단하다. 재미가 없으면 배움을 오래 지속하기 어렵기 때문이다. 나는 선생님의 손짓, 발짓으로 중국어를 배웠기 때문에 느릿느릿 깨달아 갈 수밖에 없었다. 그렇지만 중국어를 배우는 시간이 항상 즐거 웠다. 그때 누적된 즐거운 경험이 지금의 학습 태도를 만드는 데 큰 영향을 미쳤다. 따분할 법한 단어 암기에서조차 각 단어나 한 자가 갖고 있는 규칙을 발견하며 재미를 찾을 수 있게 되었다. 영단어도 어원을 알아가는 방식으로 접근하면 재미가 더해지는 것처럼 말이다.

어원 이야기가 나와서 말인데, '축복하다'라는 뜻의 영어 단어 'bless'의 어원은 'bleed(피 흘리다)'라고 한다. 축복의 순간을 위해 서는 피나는 노력을 동반해야만 한다. 언어 공부가 늘 쉽고 즐거 울 수만은 없다. 포기하고 싶은 순간이 몇 번이고 찾아올 것이다. 그럼에도 불구하고 배움의 끈을 놓지 않기 위해서는 아주 작은 재미라도 찾으며 이를 지속하려는 노력을 기울여야만 한다.

생경한 외계어 같던 중국어가 어느새 리듬감 있는 노래처럼 느 껴지던 그 순간과 꼬불꼬불 어지러운 한자들에서 규칙이 술술 읽 히던 순간의 짜릿함을 잊을 수 없다. 그때 중국어와 사랑에 빠져 버렸다. 사랑에 빠지면 으레 상대가 더 보고 싶고 알아가고 싶은 법. 중국어에서 재미와 흥미를 느끼던 그때 이후로 언어 실력이 폭발적으로 늘었다. 9살의 내가 걸음마를 떼듯 배웠으니 성인인 여러분들은 훨씬 더 잘 해낼 수 있을 것이다.

이게 학교야,
아니면 군대야?

어디 가서 쉽게 들을 수 없는 중국 초·중등학생의 일과를 공유해 볼까 한다. 그 당시의 학교 생활이 왠지 군대 생활과 비슷하다는 느낌을 종종 받았다. 입대 경험이 없으니 정확한 비교는 어렵겠지만 아무래도 중국의 공산주의적이고 전체주의적인 특징이 학교에서도 강하게 드러났던 것 같다. 심지어 기숙사 생활을 했으니 더욱 엄격한 통제 아래 지낼 수밖에 없었다.

"따르르르릉!"

새벽 6시. 마치 화재 경보음 같은 긴급한 종소리가 기숙사에 울려 퍼지고 세상 모르고 곤히 자고 있던 아이들은 부활한 강시처럼 침대에서 벌떡 일어나 정신없이 이부자리를 정리한다. 우리에게 주어진 시간은 단 15분. 15분 내에 모든 채비를 마치고 운동장으로 나가야 하기 때문에 종이 울리는 순간부터 촌각을 다투는 전쟁이 시작된다. 2층 침대를 쓰는 사람은 사다리를 오르내리며 준비해야 하므로 더욱 서둘러야 한다.

게다가 침구 정리도 여간 힘든 일이 아니다. 덮고 잔 이불은 반드시 정해진 방식대로 개어야 하는데, 다 개어놓고 나면 반드시 모서리를 손가락으로 잡아당겨 각을 잡아줘야 한다. 이불을 네모 반듯하게 정리하고 그 위에 베개를 올리는데, 베개의 위치도 수평으로 잘 맞춰줘야 한다. 밤 사이에 자글자글 주름진 매트리스 커버의 양 옆을 팽팽하게 당겨 깔끔하게 정리해주는 것도 잊어선 안 된다. 나는 이부자리를 정리하는 시간이 아까워 아예 이불을 펼치지 않고 말아놓은 상태에서 침낭에 들어가듯 몸을 쏙 넣어 자곤 했다. 그러면 다음 날 이불을 편하게 정리할 수 있기 때문이다.

그다음은 서둘러 개인 세안 용품을 챙겨 세면대로 달려가야 한다. 자칫 조금 늦게 나갔다가는 빈 세면대가 없어 줄을 서서 기다려야 하기 때문이다. 친한 친구와 둘이서 한 세면대를 쓰는 방법도 있지만 여간 불편한 게 아니다. 샤워는 꿈도 못 꿀 촉박한 시

중국어가 인생을 바꾼다. 진짜로

간이다. 세수와 양치질이 끝나면 세면 용품을 개인 사물함 안에 가지런히 정리한다. 칫솔과 치약은 개인 컵에 넣어야 하고 하얀 얼굴 수건은 빨간 대야 앞쪽에, 노란 발 수건은 대야 뒤쪽에 걸어 놓으면 얼추 정리가 끝난 것이라 할 수 있다. 이제 서둘러 트레이닝복처럼 생긴 중국식 교복으로 옷을 갈아입는다. 빨간 스카프도 목에 둘러야 한다. 예쁘게 매지 않으면 선생님께 혼이 날 수 있어 손재주가 없는 아이들은 친구에게 부탁하기도 한다. 이 모든 걸 마쳐야 하는 시간이 15분!

"얘들아, 지금 6시 15분이야!"

시계 있는 친구가 중간중간 알람 역할을 해주니 긴박한 분위기가 더욱 고조된다. 15분이 되면 다들 운동장으로 쏜살같이 달려나가 번호 순서대로 네 줄 대열을 맞춰 선다. 기본적으로 각자 자기의 위치를 외우고 있기 때문에 아직 나오지 않은 친구들의 자리는 비어 있다. 늑장을 부리면 바로 들통나는 셈이다. 이런 잔인하고 효율적인 시스템은 누가 만든 걸까?

아무튼 이렇게 6시 20분까지 전교생이 운동장에 집합하면 각

반별로 체육 반장이 선생님께 부리나케 달려가 인원 보고를 한다. "선생님, 보고 드립니다. 저희 반 총원 30명, 실제 인원 30명입니다. 보고 끝!" 선생님이 고개를 끄덕이면 체육 반장은 반 친구들을 향해 "구보 시작!" 하고 외치고, 그럼 아이들은 구령에 맞춰 아침 구보를 뛰기 시작한다. "이얼이, 이얼이(一二、 一二一)" 하는 구령에 왼발, 오른발 순서를 맞춰야 한다. '이'는 왼발, '얼'은 오른발인데 행여나 잘못 맞추는 사람이 있으면 체육 반장이 경고를 주며, 경고받은 친구는 재빨리 발을 바꿔야 한다. 게다가 구보를 뛸 때도 당연히 오와 열을 맞춰야 한다. 물론 체력이 떨어지는 친구들은 대열에서 낙오되기도 하는데, 맨 뒤에서 체육 선생님이 그들을 끌고 끝까지 완주시킨다.

그렇게 학생들이 쌀쌀한 아침 공기를 가르며 달리기를 하고 체조를 하는 동안 사감 선생님은 각 방을 돌아다니며 침구와 청소 상태를 점검한다. 만일 정돈 상태가 기준 미달이면 다시 정리하라는 불호령이 떨어진다. 그럼 다른 친구들이 여유롭게 아침을 먹을 동안 서둘러 기숙사로 돌아가야 하는 불상사가 생긴다.

이러한 생활 때문에 마치 학교가 군대 같다고 생각했던 것이다. 외워야 하는 것들은 왜 이렇게 많은지 머리가 복잡하다. 우리나라에서 국기에 대한 경례를 하듯이, 중국 역시 중국 공산당을 위해 헌신할 것을 맹세하는 선언문을 외운다. 그 외에도 애국심을 불태우는 찬송가 등을 주기적으로 배워야 하니 일주일이 바삐 흘러간다.

물론 그렇다고 숨 막히는 군기(?)가 24시간 이어지는 건 아니다. 하루에 두 번, 낮잠 시간 전과 소등 시간 전 나름 낭만적인 '라디오타임'이 시작된다. 언급한 김에 간단히 설명하자면, 중국 사람들은 하루 일과 중 낮잠 시간을 꼭 가진다. 점심식사 후에 낮잠을 자야 좋은 컨디션을 유지할 수 있다고 생각하기 때문이다. 어릴 때부터 길들여진 습관이라, 직장에서도 일정 시간이 되면 다 같이 각자 책상에 엎드려 쉬는 등 공식적인 낮잠 시간을 갖기도 한다.

내가 다닌 초등학교는 기숙학교였기 때문에 점심식사가 끝나면 각자의 방에 들어가 1시간 동안 낮잠을 잤다. 이때 잠이 솔솔 오게끔 만들어주는 수면 유도제가 바로 스피커를 통해 흘러나오는 노래다. 보통 당시 유행하는 노래가 나오며 사감 선생님께 원하는 노래를 신청할 수도 있었다. 또 밤이 되면 소등 전 다양한 이야기가 흘러나오는 CD를 틀어주었는데, 중국식 유머 이야기라든지 '옛날 옛적에'로 운을 떼는 구전동화 등 재밌는 이야기를 들으며 잠에 들곤 했다.

결론적으로 내가 중국어를 빨리 배울 수 있었던 가장 큰 이유는 이런 강압적인 환경에 놓여 있었기 때문이다. 혼나지 않기 위해 눈치를 길렀고 그 덕에 듣기 실력이 빠르게 늘었다. 밤낮으로 들었던 라디오도 한몫했을 테다. 그래서 여러분들도 중국어를 잘 배우고 싶다면 스스로에게 어느 정도 강제성을 부여할 필요가 있다고 생각한다. 아주 사소하게는 HSK(한어수평고시) 시험을 미리 접수해놓을 수도 있고, 중국으로 떠나는 비행기표를 끊어둘 수도 있을 것이다. 어릴 때야 부모님과 선생님께 혼나지 않기 위해 또는 대학을 가기 위해 공부를 했겠지만, 지금은 온전히 자신만의 학습 목표를 만들어야 한다. 공부를 해야만 하는 상황을 만들어놓으면 포기하지 않을 확률이 높아질 것이다.

중국어를 중국인보다
더 잘하게 된 비결

기초 발음부터 차근차근 배우던 시기를 지나 어느덧 초등학교를 졸업하고 중국 현지 중학교에 진학하게 되었다. 이제 웬만한 수업은 따라갈 수 있는 수준이 되었고 친구들과 모이면 한국에서 잘 알려진 '빨간 휴지 줄까, 파란 휴지 줄까' 같은 괴담도 술술 풀어내 반에서 이야기꾼이라 불리며 인기를 얻을 정도였다. 한국인이라면 다 알고 있을 법한 뻔한 고전 이야기도 중국 친구들은 눈을 반짝이며 들어주니 말하는 게 그렇게 재밌을 수가 없었다. 각양각색의 반응을 보는 것도 무척 신났다.

중국어로 이야기보따리를 펼쳐낼 수 있을 정도로 중국어를 능숙하게 구사하는 수준이 되었으나 영어를 제외한 다른 과목의 성적은 늘 하위권에 머물렀다. 나름 열심히 공부했지만 외국인이 현지인의 학업 수준을 따라가기란 쉽지 않았다. 특히 중국사, 중국지리 등의 과목은 생전 처음 들어본 인명과 지명을 중국어로 암기해야 하다 보니 그만한 학습 장벽이 없었다. 화학은 또 어떤가. 우리는 원소를 영어로 외우는 반면, 중국은 모든 원소를 한자 이름 따로 원소기호 따로 외워야 한다. 한자는 또 얼마나 비슷하

元素週期表

1 H 氢																	2 He 氦
3 Li 锂	4 Be 铍											5 B 硼	6 C 碳	7 N 氮	8 O 氧	9 F 氟	10 Ne 氖
11 Na 钠	12 Mg 镁											13 Al 铝	14 Si 硅	15 P 磷	16 S 硫	17 Cl 氯	18 Ar 氩
19 K 钾	20 Ca 钙	21 Sc 钪	22 Ti 钛	23 V 钒	24 Cr 铬	25 Mn 锰	26 Fe 铁	27 Co 钴	28 Ni 镍	29 Cu 铜	30 Zn 锌	31 Ga 镓	32 Ge 锗	33 As 砷	34 Se 硒	35 Br 溴	36 Kr 氪
37 Rb 铷	38 Sr 锶	39 Y 钇	40 Zr 锆	41 Nb 铌	42 Mo 钼	43 Tc 锝	44 Ru 钌	45 Rh 铑	46 Pd 钯	47 Ag 银	48 Cd 镉	49 In 铟	50 Sn 锡	51 Sb 锑	52 Te 碲	53 I 碘	54 Xe 氙
55 Cs 铯	56 Ba 钡	57 La* 镧	72 Hf 铪	73 Ta 钽	74 W 钨	75 Re 铼	76 Os 锇	77 Ir 铱	78 Pt 铂	79 Au 金	80 Hg 汞	81 Tl 铊	82 Pb 铅	83 Bi 铋	84 Po 钋	85 At 砹	86 Rn 氡
87 Fr 钫	88 Ra 镭	89 Ac** 锕	104 Rf 鑪	105 Db 𨧀	106 Sg 𨭎	107 Bh 𨨏	108 Hs 𨭆	109 Mt 䥑	110 Ds 鐽	111 Rg 錀	112 Cn 鎶	113 Nh 鉨	114 Fl 鈇	115 Mc 镆	116 Lv 鉝	117 Ts 鿬	118 Og 鿫

*58 Ce 铈	59 Pr 镨	60 Nd 钕	61 Pm 钷	62 Sm 钐	63 Eu 铕	64 Gd 钆	65 Tb 铽	66 Dy 镝	67 Ho 钬	68 Er 铒	69 Tm 铥	70 Yb 镱	71 Lu 镥
**90 Th 钍	91 Pa 镤	92 U 铀	93 Np 镎	94 Pu 钚	95 Am 镅	96 Cm 锔	97 Bk 锫	98 Cf 锎	99 Es 锿	100 Fm 镄	101 Md 钔	102 No 锘	103 Lr 铹

중국어 원소 주기율표

게 생겼는지, 중국어 원소 주기율표를 보기만 해도 머리가 어지러웠다.

가장 큰 문제는 어문(语文)이었다. 중국에서는 국어를 어문이라고 부르는데, 이 녀석이 내 발목을 잡는 주범이었다. 어문 시험은 여러 유형의 문제가 출제된다. 고전문학 또는 비문학을 해석하는 문제, 문장 속 단어의 의미를 해석하는 문제, 문법 오류가 있는 비문을 찾아 수정하는 문제, 속담 앞 구절을 보고 뒤 구절을 이어 쓰는 문제 등 우리나라 국어 시험과 비슷하면서도 한자 암기가 중요하다는 부분이 조금 다르다.

한번은 수학 과목을 담당했던 담임선생님이 우리 반 성적이 다른 반 성적에 밀린다며 학생들을 혼내면서 이런 말을 했다.

"너희들 성적이 쭉쭉 떨어지더라! 수빈이는 한국 학생이니 없는 사람이라 쳐도, 너희들은 열심히 공부해서 성적을 올려야지!"

선생님이 별 생각 없이 던진 한마디가 한창 마음 여린 나이였던 내 가슴에 화살처럼 날아와 콕 꽂혔다. '내가 왜 없는 사람 취급을 받아야 하는 거지?' 그때 결심했다. 무슨 일이 있어도 중국 사람들보다 중국어를 더 잘해보겠다고.

먼저 어떻게 해야 좋은 점수를 받을 수 있는지 분석하기 시작했다. 어문 시간에는 우리나라 국어 과목과 비슷하게 유명 작가의 수필을 읽고 지문을 해석한다. 조금 특이한 게 있다면 500~1,000글자 상당의 고전 시가를 통째로 외우거나 새로 배운 단어를 활용해 작문하는 연습을 많이 한다는 점이다. 중국어의 기본기를 다지는 핵심은 결국 '암기'다. 암기를 통해 고급 수준의 한자, 어휘, 표현 등을 외워야 한다. 중국어는 높임말도 없고 개별 단어의 변형도 없다 보니 수준 높은 표현을 얼마나 많이 알고 있느냐에서 승부가 갈린다.

어문 선생님께선 수업 시간에 학생들이 자발적으로 손을 들면 지문을 한 단락씩 읽도록 했는데, 나도 손을 들어 지문 읽기에 도전하기 시작했다. 내가 이해한 문장을 읽는 것과 생소한 문장을 읽으면서 이해하는 건 천지 차이다. 눈으로 읽는 속도가 입으로 말하는 속도를 따라가지 못해 자주 더듬거렸기 때문에 한 단락 읽는 데도 상당히 오랜 시간이 걸렸다. 오독하는 글자가 많아 친구들이 킥킥 웃을 때는 얼굴이 화끈거려 괜히 나섰나 후회가 들기도 했다. 그래도 어문 선생님은 내 노력이 기특했는지 친구들에게 따끔하게 주의를 주고는 발표가 끝날 때까지 매번 인내심 있게 기다려주셨다.

신기한 점은 소리 내서 낭독하는 습관을 들였더니 중국어가 눈에 띌 정도로 빠르게 늘었다는 것이다. 그냥 눈으로만 읽을 때는 모르는 단어가 있어도 대략적으로 앞뒤 맥락을 통해 유추하며 휙 보고 넘어갈 수 있지만, 소리 내서 읽으면 모르는 한자가 나타났을 때 어쩔 수 없이 낭독을 멈추게 되기 때문이다. 자연스럽게 모르는 단어를 반드시 알아야만 다음 문장으로 넘어갈 수 있게 되는 것이다.

이제 선생님이 된 나는 예전의 나와 비슷한 실수를 저지르는 학생을 이따금 보곤 한다. 기초 문장을 읽을 줄도 알고, 읽고 나서 해석도 곧잘 하는 학생이 막상 책을 덮으면 해당 표현을 술술 말하지 못하는 것이다. 그리고는 불평한다. "다 아는 문장인데 말이 안 나와요!" 그러나 말이 입 밖으로 튀어나오지 않는 이유는 그 문장을 완벽하게 이해하고 있지 않기 때문이다. 발음에만 너무 신경 쓴 나머지 표현을 익히는 본질적인 목표에 달성하지 못한 경우일 수도 있다.

최대한 많은 글을
읽고 말하고 써보자

나는 시간이 생길 때마다 교과서를 많이 읽으려고 노력했다. 긴 호흡의 글을 빨리 읽어야 문제 풀 시간을 더 확보할 수 있는데, 아직 한자를 속독하는 법을 익히지 못했기 때문이다. 이때 내가 활용한 방법은 눈이 아니라 '손'을 쓰는 것이었다. 정확히 말하면 필사를 하는 것이다.

  아래 예시 문장을 다른 종이에 한번 옮겨 써보자. 내가 중국에서 처음 배운 노래의 가사 중 한 구절이다.

  当我还是一个懵懂的女孩，遇到爱不懂爱。

  이 문장을 옮겨 적을 때 고개를 총 몇 번 움직였는지 떠올려보자. 그러니까 이 한 줄을 쓰면서 예시 문장을 몇 번 쳐다봤는지 점검해보는 것이다. 중국어 학습 초기에는 이렇게 문장을 옮길 때 한 글자씩 보며 베껴 적었다. 즉 이 한 문장을 쓰면서 시선을 최소 17번씩은 왔다갔다 움직였다는 뜻이다. 아무리 생각해도 효율이 떨어지는 일이다.

그러다 점차 의식적으로 한눈에 최대한 많은 한자를 담고 기억해 적어내는 연습을 했다. 쉼표 단위로 끊어서 보는 연습을 하다가 아예 마침표가 찍혀 있는 한 문장을 한 번에 외울 수 있도록 했다. 꾸준한 연습 덕분에 한자 읽기에 속도가 붙으니 자신감이 생기기 시작했다. 한 글자씩 짚어가며 더듬더듬 교과서 지문을 읽던 내가 어느새 친구들과 함께 중국어로 된 소설을 돌려볼 정도가 되었다. 읽기 실력을 키우겠다고 문장을 눈으로 읽기만 하고, 듣기 연습을 하겠다고 드라마를 마냥 틀어놓기만 하는 게 답이 아니다. 어떤 능력이든 최대한 많은 감각기관을 함께 활용하는 게 중요하다.

점수가 어느 정도 올랐을 때부터 고득점을 위한 전략을 새로 모색했다. 앞서 언급했듯, 어문 과목은 출제 유형이 워낙 다양하기 때문에 기본 상식 및 언어 센스가 있어야 이상적인 점수를 받을 수 있었다. 단지 학교 수업을 열심히 듣는 것만으로는 좋은 점수를 받기 어려웠다. 언어 실력을 수준급으로 끌어올리기 위해서는 배경지식의 절대적인 양이 중요하다는 걸 깨달았다. 알고 보면 중국어 공인 시험인 HSK도 마찬가지다.

HSK는 독해 지문으로 다양한 주제를 다룬다. 이때 중국의 역사 인물이라든지 지리학적 특징이라든지, 지문에서 다루는 내용과 관련한 배경지식이 있으면 언어 실력과는 별개로 더 빠르고 정확하게 답을 맞출 수 있다. 최근 HSK 개인 과외를 받던 학생에게서 독해 지문의 첫 줄부터 모르는 단어가 나오는 바람에 '멘붕'이 되었다는 이야기를 들었다. 학생의 멘탈을 흔들어놓았던 단어는 그저 삼국지의 인물 이름인 '조조(曹操)'였다. 조조라는 단어를 알고 있었더라면 오히려 반갑게 지문을 읽어내려갈 수 있지 않았을까?

다시 조금 전 이야기로 돌아가보자. 어문 과목의 점수를 올리려면 배경지식을 쌓아야 했기 때문에 다양한 잡지를 찾아 읽기 시작했다. 중국 길거리에서는 음료수, 담배, 잡지 등을 파는 가판대를 자주 찾아볼 수 있다. 스쿨버스가 정차하던 곳에 마침 잡지 가판대가 있어 매주 주말마다 학교 기숙사로 들어가기 전에 〈두즈어(读者)〉라는 잡지를 한 권씩 사서 읽곤 했다. 문학, 비문학을 실은 잡지인데 역사 기록에 대한 서술이나 속담, 성어 등의 인용이 많아 배울 거리가 풍성하다.

정리하자면 중국어 실력을 기르기 위해 최대한 많은 글을 읽으려고 노력했다. 처음엔 짧은 교과서 지문을 바탕으로 독서 속도를 높이는 연습을 했고, 그다음 단계에서는 로맨스 소설을 보며 중국어 읽기에 재미를 붙였다. 글을 어느 정도 빠르게 읽을 수 있게 되었을 때부터 유익한 잡지로 배경지식을 쌓았다.

그래서 과연 성적은 어떻게 되었을까? 해당 학기부터 성적 그래프가 수직 상승하더니 중학교 2학년 2학기가 되는 이듬해에 보란듯이 전교 3등에 이름을 올렸다. 어문, 수학, 영어 세 과목을 합한 점수는 전교 1등이었다. 그 뒤로는 선생님이 이렇게 말씀하셨다.

"한국 사람인 수빈이를 좀 봐라! 너희는 중국인으로서 부끄럽지도 않니!"

종종 비교 대상으로 언급되어 친구들의 원망 섞인 눈초리를 받으니 민망하긴 했지만 한국인으로서 뿌듯함을 감출 수 없었다. '그래, 중국어를 중국인보다 더 잘할 수도 있구나!' 하는 생각에 무척 기뻤다. 뻔한 이야기일 수 있지만, 노력하니 불가능한 일이 없더라는 것을 알았다.

그 뒤로는 한국인 딱지를 떼고 중국인 친구들과 섞여 학교 생활을 했다. '내가 이곳의 구성원으로 받아들여지고 있구나.'라고 처음 실감했던 건 조금 특이하게도 체벌을 받을 때였다. 함께 방을 쓰던 친구들과 단체로 늦잠을 자는 바람에 침구 정리를 못 해 룸메이트들과 칠판용 삼각자로 손바닥을 맞은 적이 있다. 이때 선생님이 나를 '한국 학생'이 아닌 그냥 '학생'으로 여기고 있다는 사실이 느껴져 그날의 체벌이 나름 특별한 기억으로 남아 있다.

중국어가 인생을 바꾼다, 진짜로

편견을 버리면
또 다른 세계가 열린다

중국에서 유학한 이야기를 하다 보면 꼭 듣는 이야기가 있다. 어린 나이에 중국에서 생활하는 게 무섭지 않았냐는 것이다. 여행을 좋아하는 사람들 중에서도 중국은 왠지 무서워 아직까지 가보지 못했다고 하는 사람도 있다. 나는 워낙 어릴 때부터 편안하게 지낸 곳이다 보니 무서운 줄 모르고 살았지만, 지금 떠올려보면 별난 상황을 여러 차례 겪긴 했다. 생각해보니 아찔한 순간도 있었다. 그렇다면 중국은 정말 위험하고 무서운 곳일까? 11년 중국 생활을 바탕으로 이에 대해 자세히 이야기해볼까 한다.

'중국' 하면 생각나는 첫 번째 부정적 키워드, 바로 '치안'이다.

인신매매처럼 듣기만 해도 우려스러운 이야기도 있다. 괜히 밤길이나 골목길을 거닐었다가 영영 집으로 돌아가지 못할 것만 같기도 하다. 내가 유학하던 때만 해도 지인의 지인의 지인이 인신매매를 당해 뉴스에도 나왔다는 둥의 루머가 마치 괴담마냥 떠돌아다녔다. 하지만 막상 인터넷에 찾아보면 그런 기사는 코빼기도 보이지 않는 경우가 허다했다.

넘베오닷컴(Numbeo.com)의 아시아 국가 범죄율 통계(Asia: Crime Index by Country 2021)에 따르면 중국의 범죄지수는 30.17, 안전지수는 69.83으로 아시아 43개국 중 13번째로 안전한 국가로 꼽힌다. 네팔, 태국 심지어는 싱가포르보다 높은 순위다. 한편 우리나라는 범죄지수 26.86, 안전지수 73.14로 안전지수를 기준으로 11위를 기록하고 있다. 수치로 봤을 때 우리나라와 중국은 치안 면에 있어 단 2위밖에 차이가 나지 않는다. 물론 집계에 따른 통계 오류가 존재할 수 있긴 하지만 그걸 감안하더라도 중국이 우리의 편견만큼 범죄의 온상은 아니라는 것이다.

내가 유학할 때 느낀 바로는 공권력의 통제가 굉장히 엄격하기 때문에 중국의 경찰인 공안(公安)이 곳곳에 상시 배치되어 있고, 사람들이 공안을 굉장히 무서워하기 때문에 오히려 밤에도 자유롭게 돌아다닐 수 있었던 것 같다. 다만 이런 안전성은 2선 도시 이상의 대도시 또는 유동 인파가 많은 관광지에 국한된다. 관광객의 특성상 지리를 잘 모르고 언어가 통하지 않아 현지인에 비해 위험에 노출될 가능성이 높을 수밖에 없으니 소도시 여행 시에는 가이드와 동행하는 등 주의를 기울이는 게 좋다.

2021년 중국 1선(一线) 도시 (4개)
베이징, 상하이, 선전, 광저우
2021년 중국 신1선(新一线) 도시 (15개)
청두, 충칭, 항저우, 우한, 시안, 정저우, 칭다오, 창샤, 톈진, 쑤저우, 난징, 둥관, 선양, 허페이, 포산
2021년 중국 2선(二线) 도시 (32개)
쿤밍, 푸저우, 우이, 샤먼, 하얼빈, 장춘, 난징, 지난, 닝보어, 다롄, 구이저우, 원저우, 스자좡, 취안저우, 난닝, 진화, 창저우, 주하이, 후이저우, 지아싱, 난통, 중산, 바오딩, 란저우, 타이저우, 위저우, 타이위엔, 자오싱, 옌타이, 하이커우, 우루무치, 후하호터

두 번째로 떠오르는 키워드는 바로 '위생'이다. 아무래도 중국이 후진국이며 위생 관념이 떨어진다는 편견이 여전히 존재하기

때문이다. 물론 내가 유학하던 2000년대 초반까지만 해도 그 말이 사실이었다. 내가 중국에서 가장 놀랐던 건 화장실이었다. 그때까지만 해도 일반 공립학교에서는 칸막이조차 없는 기다란 재래식 화장실을 이용하고 있었다. 엄마는 그 광경을 보고는 옆 친구와 함께 손잡고 볼일을 볼 수도 있을 것 같다고 농담하며 웃었지만, 내심 충격이 컸는지 더 나은 시설을 갖춘 사립학교로 등록해주었다.

또 기숙학교를 다니며 중국 친구들의 생활을 누구보다 가까이서 경험했는데, 확실히 개인 위생 관리에 있어 크게 신경 쓰지 않는 모습이었다. 매일같이 샤워를 하는 내게 선생님은 "그렇게 매일 씻으면 두피가 상하니 머리는 2~3일에 한 번씩 감는 게 좋다."라고 권유하곤 했다. 초등학생 때는 학교에서 두 달에 한 번씩 한약재를 탄 듯한 황토색 물로 머리를 감도록 했다. 머리카락에서 자라는 머릿니(기생충)를 죽이는 약이라고 했다. 그 정도로 관리가 잘 안 되는 상황이었다. 그러나 이 모두 15년 전 이야기다. 지금은 예전보다 훨씬 더 청결에 힘쓰는 모습이며, 특히 젊은 2030세대는 빠르게 변화하고 있다.

식품 위생에 대해서는 직접 주방에 들어가 확인해본 적 없으니 단언할 순 없지만, 유학 생활을 한 11년간 중국에서 음식을 먹고 탈이 난 적이 손에 꼽힌다. 중국 사람들은 날것을 즐겨 먹지 않으니 식중독의 위험이 상대적으로 덜한 것도 있다. 다만 중국 생활 초기에는 물이 맞지 않아 배탈이 날 수 있다. 특히 중국에서 파는 생수는 석회 함량이 비교적 높은 '경수'이므로 한 번 끓여서 차로 마시면 물로 인한 설사병을 예방할 수 있다.

그럼에도 불구하고 여전히 중국 외식 업체에 대한 불신이 크다면 한 가지 팁을 드리고자 한다. 식당을 선별할 때 다음과 같은 허가증을 참고하면 된다. 첫 번째는 '식품경영허가증(食品经营许可证)'이고 두 번째는 '식품위생허가증(食品卫生许可证)'이다. 이왕이면 위생허가증을 갖춘 곳이 좋다. 물론 허가증 발급이 크게 어려운 일은 아니지만 업장에서 어느 정도 비용을 내야 하고 기관

식품경영허가증(좌), 식품위생허가증(우)

의 심사를 거쳐야 하는 만큼, 허가증을 갖고 있는 식당이라면 식당을 운영하는 데 신경을 쓰고 있다는 걸 알 수 있다. 중요한 것은 허가증 하단에 표기된 유효기간을 확인하는 일이다. 기간 내에 꾸준히 허가증을 재발급받고 있는지 확인하고 나면 조금은 마음이 놓일 것이다.

인생의 절반을 중국에서 보낸 한 친구는 오히려 한국에서 택시 타는 것을 무서워했다. 그 친구의 부모님 역시 한국에서 택시를 탈 때는 반드시 자동차 번호판을 메모하라고 단단히 일러주었다고 한다. 아무래도 한국에 대한 대부분의 소식을 뉴스를 통해 전해 듣다 보니 흉흉한 택시 범죄가 머릿속에 각인되어 있기 때문일 것이다. 우리 또한 뉴스를 통해 중국에서 일어나는 일들을 접하다 보니 기상천외하고 별난 일들만 머릿속에 기억하고 있을 것이다.

물론 무엇이든 조심해서 나쁠 것 없다는 것도 사실이다. 다만 편견에서 비롯된 막연한 두려움을 느낄 필요는 없다는 걸 말해주고 싶다. 그다지 내키지 않았는데 막상 해보니 하길 잘했다는 생각이 드는 일, 다들 한 번쯤은 경험해봤을 것이다. 색안경을 벗는다면 눈앞에 또 다른 세계가 펼쳐질 수 있다. 용감하게 한 발 내디뎌보는 건 어떨까?

중국어만
잘했을 뿐인데

우리는 저마다 성공을 꿈꾼다. 자기 분야에서 특출난 성과를 내거나 인정받고 싶어 한다. 그러나 현실은 어떨까? 우리는 대개 산업화가 가져온 '칸막이 문화'에 순응하며 톱니바퀴처럼 노동을 반복한다. 그렇게 해서 성공에 가까워진다면 다행이겠지만 10년 후를 생각하면 왠지 아득하기만 하다. 그러다 '언제까지 이렇게 살아야 하지?' 이런 의문이 한번 들기 시작하면 어떻게 해야 더 발전된 삶을 살 것인지 고민에 빠지게 된다.

자기계발이나 직무 교육을 전문으로 하는 온오프라인 플랫폼이 각광받는 것도 같은 맥락일 것이다. '일 잘한다'는 칭찬 한마

매슬로우의 인간 욕구 5단계 이론

디가 내 삶의 가치를 통째로 긍정해주는 듯한 기분마저 드니까 말이다.

심리학자 매슬로우는 인간의 욕구를 다섯 개의 층위로 분류했다. 그중 가장 돋보이는 건 피라미드 최상단에 자리 잡고 있는 '자아실현의 욕구'다. 안정적인 직장이 있고 화목한 가정이 있으며 존경받는 사람도 자신이 소꿉친구들에 비해 이룬 게 없다고 생각한다면 내적 욕구를 충족시키지 못하고 자꾸만 갈증을 느끼게 될 것이다.

중국어가 인생을 바꾼다, 진짜로

성취욕에 목마른 많은 이들은 자신을 빛내줄 도구를 이리저리 찾아 헤매다 중국어 공부를 선택하기도 한다. 그렇게 중국어를 배우고자 나를 찾아오는 사람이 있다면 망설임 없이 그들을 반기게 된다. 내가 중국어를 무기 삼아 조금씩 이뤄온 일들을 생각하면 그럴 수밖에 없다.

20살, 일당 10만 원을 받고 2주간 방송국 취재 통역을 다녔다. 중국 각종 매체에서 인천 아시안게임 준비 과정을 담기 위해 한국을 방문했고, 나는 스태프 겸 통역 역할로 합류한 것이다. 그때 갓 대학교에 입학한 새내기인 내가 2주 만에 140만 원을 번 것도 신기했지만 무엇보다 중국 유명 방송사의 PD, 기자, 리포터와 단기간에 가까워지며 특별한 인연을 맺게 된 것이 가장 큰 기쁨이었다(그때 알게 된 기자 한 명으로부터 화장품 무역 사업을 같이 해보는 건 어떻겠냐는 제안을 받기도 했다).

기회가 기회를 만든다는 말이 있다. 프리랜서가 일을 한다는 건 눈이 소복이 쌓인 바닥에서 눈덩이를 굴리는 것과 같다. 주먹만한 눈뭉치를 단단하게 잘 만들어놓으면 가볍게 굴리기만 해도 몸집이 커지듯, 일도 마무리만 좋으면 관련된 업무가 우수수 쏟아진다. 14일간의 통역 스태프 일을 시작으로 이후에도 중국어 통역 기회가 종종 생겼다. 중국 부호를 여럿 만나기도 했고 국내에서 세 손가락 안에 꼽히는 대기업의 비즈니스 미팅 통역을 맡기도 했다. 전문 통역사 자격증이 있는 것도, 통번역 대학원을 나온 것도 아니지만 중국어를 할 줄 안다는 이유만으로 큰 기회가 종종 주어진 것이다.

통역으로 벌게 된 수익을 떠나 성공한 사람과 자리할 수 있다는 것 자체가 어린 내게는 소중한 경험이었다. 게다가 말을 전달하는 사소한 일을 통해 큰 비즈니스가 성사되는 상황을 지켜보며 스스로가 사회 구성원으로서 마땅한 역할을 하고 있다는 사실에 더없는 보람을 느낄 수 있었다. 그 외에 내가 아는 정보를 조금씩 공유하다 보니 어느새 중국어 강사 겸 유튜브 크리에이터로서 이름을 알리게 되었다.

한번은 중국 관련 행사에서 진행을 맡은 적이 있는데 자리에 있던 50대 남성 한 분이 "영상 잘 보고 있다"며 먼저 반갑게 인사를 건네주신 적도 있고, 대학교 새내기를 대상으로 강연하는 자리에서 내 유튜브를 보고 중국어를 공부해 중문과에 입학하게 되었다고 말해준 후배도 있었다. 반복되는 일상 속에서 이런 사소한 사건들이 특별한 기억으로 남기도 하고 더 나아가 삶을 윤택하게 만드는 동력이 되어주기도 한다.

그리고 지금은 그동안 쌓아온 경험을 바탕으로 교육 분야 스타트업을 준비하고 있다. 다른 회사를 위해 열심히 교육 콘텐츠를 만들어보았으니 이제는 내 회사를 만들어보자는 마음에서다. 지금까지 만나온 인연이 더없이 소중한 인적자원이 되어 힘들 때마다 큰 도움을 받고 있다. 20대부터 60대까지 다양한 이들과의 만남을 허락해준 매개는 단연 '중국어'다.

어쩌면 나는 그저 평범한 사람 중 한 명이다. 부모님의 사정으로 중국에서 유학을 하게 되었고, 나름대로 잘하고 싶은 마음에 노력했으며, 애쓴 시간만큼 중국어를 잘하게 되었을 뿐이다. 한국으로 돌아오고 나서는 비즈니스 미팅 등으로 중국어가 필요한 상황이 점점 많아지게 되었고, 덕분에 누군가가 찾는 사람이 되었다. 업계에서 업력을 쌓아가며 '공부가 인생을 바꾼다'는 말이 결코 뜬구름 잡는 소리가 아니라는 사실을 몸소 경험한 것이다.

정신과에서는 자존감이 낮아 우울증에 시달리는 사람들에게 아침 8시에 일어나기, 야식 먹지 않기, 일기 쓰기 등 비교적 쉽게 성취할 수 있는 목표를 세우고 사소한 것부터 조금씩 달성해내는 연습을 시킨다. 앞서 이야기했던 자아실현 욕구를 조금씩 채워나갈 수 있도록 돕는 것이다. 성취 경험의 누적은 자신감이라는 연료가 되어 새로운 성공으로 우리를 이끌어준다. 내가 중국어를 활용해 각종 활동을 하고 경험해보지 않은 분야에서의 도전을 기꺼이 받아들이는 이유도 이와 같다. 성취감이 주는 행복을 알아버렸기 때문이다. 또 언어 학습에서 성취를 맛본 경험이 있기 때문에 새로운 도전이 그리 두렵지 않은 것이다. 중국어가 낯설게 느껴질수록 과감히 도전해보는 것이 좋다. 내가 이 어려운 언어를 조금씩 배워가며 터득하고 있다고 생각하면, 그 희열만큼은 결코 소소하지 않을 것이다.

어차피 공부할 거
행복하게 공부하자

"선생님, 중국어가 너무 어려워요!"

중국어를 가르치면서 가장 많이 듣게 되는 말이다. 한바탕 푸념이 끝나면 학생들은 눈을 반짝이며 어떤 대답이 돌아올지 기다린다. 어떻게 해야 중국어라는 어려운 난관을 극복할 수 있을지에 대한 해답, 그러니까 확실한 방법론을 기대하는 것이다. 아마 이 책을 읽고 있는 대부분의 독자들도 비슷한 고민 또는 기대를 안고 있을 것이다. 중국어를 가르치는 입장에서 이런 말을 들으면 학생들에게 의미 있는 답을 주고 싶어 깊이 고민하게 된다.

'중국어, 정말이지 어디서부터 시작해야 하는 걸까? 어떻게 해야 잘 배울 수 있는 걸까?'

답을 내리기 이전에 재미있는 옛날이야기를 하나 해보려고 한다. 어느 날 공자가 서재에서 책을 읽고 있는데 그의 제자 자로가 황급히 뛰어오더니 공자에게 물었다. "스승님, 제가 누군가의 옳은 주장을 듣는다면 그걸 즉시 실천해도 될까요?" 공자는 대답했다. "주변에 지혜로운 인생 선배에게 물어야지, 어찌 즉시 실천하려 하느냐?"

얼마 지나지 않아 또 다른 제자 염유가 공자를 찾아와 같은 질문을 했다. "스승님, 제가 누군가의 옳은 주장을 듣는다면 그걸 즉시 실천해도 될까요?" 그러자 공자는 대답했다. "옳은 주장이라면 즉시 실천하거라." 공자 옆에서 이야기를 쭉 듣고 있던 공서화가 궁금해하며 물었다. "스승님, 어째서 같은 질문에 다른 답을 주십니까?" 이에 공자는 "자로는 충동적이니 충분히 고민한 후 행동하도록 해야 하고, 염유는 우유부단하니 대담하게 실천할 수 있도록 도와야 하기 때문이란다."라고 했다.

중국어 공부법도 이와 같다. 중국어를 효율적으로 공부하기 위

중국어가 인생을 바꾼다. 진짜로

해서는 자신의 상황에 맞는 공부법을 찾아야 하고, 쉽고 재미있게 배우기 위해서는 자신이 어려움을 느끼는 지점부터 잘 파악해야 한다. 중국어로는 이를 '뚜이쩡 쌰야오(对症下药)'라고 하는데, 이는 '증상에 맞춰 약을 처방해야 함'을 의미한다. 당장 내일모레 중국 여행을 앞둔 사람을 앉혀놓고 "너희 집 식구는 몇 명이니?" 같은 문장을 배우라고 하면 단숨에 흥미를 잃을 수 있다. 자격증이 필요한 사람이 단어 암기는 안 하면서 중국 드라마를 보며 새 도잉만 주구장창 한다면 그 또한 목표 달성과는 멀어지는 길을 걷는 셈이다. 내가 중국어를 왜 배우고 싶은지, 배우게 된다면 언제 어떻게 쓰고 싶은지 생각해보고 이에 맞는 방법을 찾아야 한다.

그런 의미에서 내가 추천하는 방법은 다음과 같다.

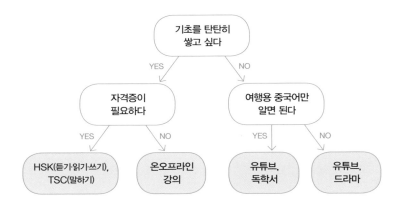

유튜브에 좋은 콘텐츠가 쏟아져 나오는 요즘 같은 때에 여행에서 쓸 중국어 몇 마디를 배우겠다고 학원까지 등록할 필요는 없다. 최소 6개월 정도는 꾸준히 다닐 각오가 되어 있다면 그때 오프라인 강의를 듣도록 하자. 강사가 이런 말을 하는 게 이상하게 들릴 수 있겠지만 무턱대고 강의에 큰 비용을 들이기엔 양질의 무료 콘텐츠가 너무 많다.

학습 목표에 맞춰 학습 방법을 정했다면 동기부여를 해줄 수 있는 장치를 마련해야 한다. 가장 좋은 방법은 누군가와 함께 공부하는 것이다. 내가 학원에서 강의하던 시절, 매일 손잡고 강의실에 들어오는 사이 좋은 커플이 있었다. 쉬는 시간에 중국어로 한 마디씩 주고받으며 그날 배운 내용을 복습하는 모습을 보며 부러운 마음을 달래기 일쑤였다. '나도 언젠간 남자친구가 생기면 함께 새로운 언어를 배우러 다녀야지.'라며 굳은 결심을 했을 정도다. 결과적으로 두 사람은 기초 과정 3개월 내내 단 한 번도 빠짐없이 수업에 참석했고, 그 사이에 중국어 실력도 상당히 늘었다. 지금은 부부가 되었으니 사랑과 자기계발을 모두 잡은 셈이다.

토익 시험을 준비할 때 친한 친구와 함께 오프라인 토익 강의

중국어가 인생을 바꾼다. 진짜로

를 들은 적이 있다. 누구 한 명이라도 수업에 빠지는 날이면 배신자라며 서로 장난스레 욕도 하고, 수업이 끝나면 카페에서 함께 숙제도 한 덕분에 둘 다 좋은 결과를 얻을 수 있었다. 만일 누군가와 함께 공부할 여건이 되지 않는다면 공부 계획을 동네방네 떠드는 것도 좋은 방법이다. 중국어를 배우고 있다며 주변 사람들에게 적극적으로 자랑해보자. 가끔 공부 인증샷을 찍어 SNS에 올리는 것도 좋다. 계획을 주변에 공유할수록 달성 확률이 높아진다고 하니 말이다.

그 외에 돈을 인질로 삼는 방법도 있다. 연초마다 호기롭게 헬스장 이용권을 끊어놓고 또 애먼 곳에 기부를 했다며 후회했던 지난 날의 모습이 스쳐지나가는가? 다행히 좀 더 효과적인 방법이 있다. 예컨대 3개월 후의 날짜로 중국 여행 티켓을 끊어놓는 것이다. 3개월 뒤까지 기초적인 의사 표현은 익혀보겠다는 의지를 불태워보자. 여행 날짜가 다가올수록 의욕이 샘솟을 것이다. 아니면 자격증 시험을 신청해두는 것도 좋은 방법이다. 처음엔 별 생각 없이 등록한 시험도 날짜가 다가올수록 이왕 보는 거 잘 보고 싶다는 욕심이 샘솟을 게 분명하기 때문이다.

중국어 공부
어떻게 하면 좋은데요?

중국어 공부를 꾸준히 하기 위한 환경을 잘 만들어놓았다면 본격적으로 어떻게 시작하면 좋을지 알아보자.

1. 유튜브와 친구를 십분 활용하자

앞서 말했듯 유튜브에 좋은 무료 콘텐츠가 많다. 〈시리 중국어〉는 중국인이 운영하는 채널로 생생한 생활 중국어를 익힐 수 있다. '시리'라는 이름의 중국인 크리에이터가 어학적인 설명도 충분히 해주기 때문에 재밌고 유용하게 볼 수 있다. 유명한 중국어 교육 채널 〈진짜 중국어〉도 두 중국어 강사의 유쾌한 진행 덕에 학습 영상을 보는 게 아니라 꼭 예능 한 편을 보는 것처럼 공부할 수 있다.

인적 자원이 있다면 그 또한 잘 활용해보자. 주변에 아는 중국인 친구가 있다면 시시한 안부 묻기라도 좋으니 중국어로 문자 몇 통 주고받으며 배운 내용을 그때그때 복습해보는 것이다. 실제로 내가 가르친 여러 학생들이 교환학생 때 만난 중국인 친구와 채팅을 주고받는 것만으로도 꾸준한 동기부여가 된다고 이야기했다.

2. '덕질'을 해보자

사랑에 빠지면 상대를 더 알고 싶어지는 것이 인지상정. 중국 사극 드라마에 푹 빠진 학생을 만난 적이 있다. 나와 첫 걸음마부터 떼기 시작했는데, 공부를 시작한 지 얼마 지나지 않아 좋아하는 배우가 출연한 예능이나 인터뷰 영상을 직접 번역하는 수준에 이르렀다. "선생님께서 수업 자료로 쓰시면 좋을 것 같아 보내드려요!" 하고 직접 자막을 단 영상물을 보내주는데 단기간에 이렇게 실력이 늘 수 있나 싶어 깜짝 놀랐다. 중국 드라마를 볼 때 수업시간에 배운 표현이 들리면 너무 신기하고 즐거워 뇌리에 더욱 확실하게 박힌다는 것이다. 또 한번은 중국 영화에 대한 애정이 남다른 학생을 만났다. 중국어를 한 번도 배워본 적이 없는 상태에서 회화 수업을 신청한 것이 신기해 이것저것 물어봤다. 그 학생은 중국 영화를 보고 또 본 결과인지 말은 할 줄 몰라도 어느 정도 알아듣는 수준이 되었다고 했다.

귀가 트여 있다는 것만으로도 어학 공부에 있어서 상당한 우위를 차지한다. 사실 말을 꽤 잘하는 사람 중에서도 듣기가 안 되는 경우가 많은데, 이 학생은 오히려 반대의 경우였다. 수업을 진행해보니 내가 중국어로 하는 말을 대부분 알아듣는 수준이었고, 중국어를 한 번도 배워본 적 없다는 사실을 믿을 수 없을 정도로 빠른 습득 능력을 보였다. 덕질이 사람을 이렇게 발전시키는구나 싶었달까. '어차피 덕질할 거 행복하게 덕질하자'는 말을 줄여 '어덕행덕'이라 한단다. 기왕 덕질할 거 죄책감 갖지 말고 마음껏 하자는 의미다. 좋아하는 덕질로 중국어 실력까지 쌓을 수 있으니 이보다 행복한 일이 있을까? '어공행공', 어차피 공부할 거 행복하게 공부하자.

꼭 영화나 드라마가 아니어도 좋다. 영상물에 큰 관심이 없다면 맛있는 음식은 어떨까? 백종원의 〈스트리트 푸드 파이터〉처럼 길을 돌아다니며 현지인들이 갈 법한 숨은 맛집을 찾거나, 그곳 주인장과 음식에 대해 간단히 이야기해보는 걸 목표로 삼는 것이다. 역사에 관심이 많은 사람이라면 테마를 정해 유적지 기행을 해보는 것도 좋다. 중국은 5천 년이라는 긴 역사만큼이나 풍부한 이야기를 갖고 있기 때문에 역사를 좋아하는 사람이라면 끝없는 즐거움을 만끽할 수 있으리라.

3. 소모임을 나가자

언어를 배우는 궁극적인 목표는 외국인과의 소통이다. "저는 그냥 회사에서 시켜서 배우는데요."라며 무미건조하게 답하는 이들도 있겠으나, 회사에서 중국어 공부를 시키는 이유도 결국 중국인과 연락을 주고받는 업무를 할 사람이 필요해서다. 그러니 혼자 골방에 틀어박혀 단어만 외우는 것으로는 한계가 있다. 밖으로 나가 여러 사람들을 만나보자. 요즘은 '열정에 기름붓기' '소모임(애플리케이션)' '탈잉' 등 다양한 플랫폼을 통해 어학 스터디에 쉽게 참여할 수 있다.

요즘 SNS나 이메일 등으로 일주일에 서너 통의 연락을 받는다. 공부 방법에 대한 질문이나 교재 추천을 부탁하는 연락이 대부분이다. 확인이 늦어 답장을 바로 해주지 못 하는 경우는 있어도 단 한 번도 연락을 무시하거나 대충 답변한 적은 없다. 무언가를 잘 배우고 싶은 마음에 문을 두드리는 사람들에게 조금이라도 도움이 되어주고 싶은 마음이 들기 때문이다. 이는 나뿐만이 아니라 모든 선생님이 같은 마음일 것이다. 그러니 어떻게 공부해야 할지 막막하다면 이런 선생님들의 마음을 잘 이용해보자.

SNS 메시지도 좋고 이메일도 좋다. 도움의 손길을 잡아줄 사람이 얼마든지 있다는 사실을 명심하자.

"빨리 갈 거면 혼자 가고 멀리 갈 거면 함께 가라."라는 말이 있다. 그런데 외국어 공부에 있어서는 조금 다른 것 같다. 빨리 가고 싶다면 같이 가고, 멀리 가고 싶다면 더더욱 같이 갈 것. 내 학생들의 성공만큼 기쁜 일이 있을까? 중국어를 배우고자 하는 마음만 있다면 나는 그 길을 기꺼이 함께 걷고 싶다.

중국어가 인생을 바꾼다, 진짜로

한자를 많이 외워야
중국어를 잘할 수 있나요?

A 중국어 진입 장벽의 8할은 '한자'가 쌓아 올렸을 것이다. 수업을 3회차 정도 하고 나면 누군가는 꼭 소심한 얼굴로 "저기 선생님…. 한자를 꼭 외워야 하나요?"라고 묻는다. 슬프게도 나는 "YES."라고 답할 수밖에 없다. 물론 초반에는 한자 없이 공부하는 게 가능하긴 하다만, 얼마 지나지 않아 그 한계가 분명하게 드러나기 때문이다. 학습 효율도 현저하게 떨어진다.

중국어에는 비슷한 음을 가진 한자가 무궁무진하다. 예를 들어 지금 당장 '리(li)'라는 발음을 가진 한자만 떠올려보아도 里, 李, 理, 礼, 离, 丽 등 수도 없이 나열할 수 있다. 한국어야 '밤'이라고 하면 '먹는 밤'인지 '어두운 밤'인지 문맥에 따라 구분하면 되지만 중국어는 그 의미 구별이 그리 호락호락하지 않다.

내가 만난 학생 중 교재의 모든 한자 밑에 한국어 발음 표기를 적어둔 이가 있었다. 어쨌든 그것도 대단한 노력이라 생각해 굳이 말리지 않았다. 그 학생은 초반에 몹시 빠른 속도로 회화를 익혀나갔다. 그러나 회차를 거듭할수록 수업에서 배운 동음이의어가 누적되자 굉장한 혼란을 느끼기 시작했다.

예를 들어 '물리'라는 뜻의 단어 物理[wùlǐ]를 소리나는 대로 '우리'라고 적어 열심히 외웠다고 가정하자. 그런데 공부하다 보니 내가 알고 있던 '우리'가 생뚱맞은 문장에서 쓰이는 것이다. 알고 보니 여기서 '우리(无力[wúlì])'는 '무기력하다'라는 뜻이란다. 그럼 '우리=물리'라고 입력해놓았던 공식을 '우리=물리, 무력하다'로 수정해야 한다. 여기서 끝나면 얼마나 좋겠냐마는 좀 더 공부하다 보니 새로운 '우리(武力[wǔlì])'가 등장한다. 이번엔 '군사의 힘'이라는 뜻이란다. 다시 알고리즘을 뜯어고쳐야 한다. '우리=물리, 무기력하다, 군사의 힘'이라고.

이 외에도 방 안(屋里[wūlǐ]), 이유가 없다(无理[wúlǐ]), 안개 속(雾里[wùlǐ]) 등 비슷한 발음이 나올 때마다 머릿속에 간신히 기록해둔 지식을 지우개로 박박 문질러가며 뇌가 너덜거릴 때까지 거듭 고쳐야 한다. 애초에 物理[wùlǐ]가 물질(物)의 원리(理)를 뜻하니 '물리'이고, 无力[wúlì]는 힘(力)이 없기(无) 때문에 '무기력하다'

중국어가 인생을 바꾼다. 진짜로

는 뜻이라는 걸 기억해놓았다면 참 쉬운 일인데 말이다.

사실 한자는 학생의 발을 걸어 넘어뜨리는 걸림돌이 아니다. 오히려 학습자들을 돕는 힌트에 가깝다. 중국어 학습자들에게 있어 '악의 근원'처럼 여겨지는 한자가 오히려 우릴 돕는 역할을 한다니, 이게 무슨 소리일까? 다음 예시를 통해 함께 살펴보자.

한자 肖의 발음은 샤오[xiāo]다. 그리고 모양이 비슷한 한자 몇 가지를 더 보자면 销, 霄, 削 등이 있다.

肖는 발음을 나타내는 부분이다. 즉 肖의 발음만 안다면 나머지 세 한자의 발음도 맞출 수 있다. 消라는 한자를 처음 봤어도 대충 샤오[xiao]라는 발음을 내겠거니 유추할 수 있는 것이다. 肖를 제외한 부분은 각각 의미를 담고 있다. 금속을 나타내는 钅와 결합한 销[xiāo]는 '금속을 녹이다'라는 뜻이다. 비를 나타내는 雨가 들어간 霄[xiāo]는 구름 또는 진눈깨비를 뜻하며, 칼을 나타내는 刂가 붙은 削[xiāo]는 '(과일 등의) 껍질을 벗기다'라는 뜻이 된다.

한자를 보면 꼭 QR코드 같다는 생각이 든다. 모양은 복잡해 보여도 알고 보면 일련의 규칙 안에 굉장히 많은 정보를 담고 있으니 말이다. 앞으로 한자에 대한 관념을 달리해보자. 한자는 넘어야 할 산이 아니라 '재미있는 정보 덩어리'라고.

지금까지 한자를 반드시 외워야 하는 이유에 대해 설명했다. 그렇지만 내가 외우고 있는 한자의 절대적인 양이 중요하냐 묻는다면 그건 또 아닌 것 같다. 모든 한자를 외우고 있는 중국인도 없을뿐더러 어차피 일상에서 자주 쓰이는 용어는 정해져 있기 때문이다. 보통 1천~3천 개의 한자를 알면 일상 회화를 나누는 데 어려움이 없다고 한다. 그러니 한자를 많이 외워야 한다는 부담은 내려놓아도 좋다. 초심자의 경우 한어병음에 의존하는 경우가 대부분이다. 하지만 한자를 보고 글을 읽으려 노력하는 것만으로도 충분히 실력을 기를 수 있다.

그럼에도 여전히 '난 한자를 제대로 배운 적이 없어서 다른 학생들에 비해 뒤처지는 건 아닐까?' 하고 고민하는 사람이 있을 것이다. 위로가 될지 모르겠지만 우리나라에서 그나마 한자를 배워봤다는 사람들이 알고 있는 건 '번체자'다. 번체자는 문자개혁 이전에 쓰던 복잡한 한자로, 말 그대로 '번잡한 형체의 문자'라는 뜻이다. 복잡한 한자 때문에 골머리 앓는 자국민이 많다 보니 중국 정부는 문맹률을 낮추고자 필획이 간단한 '간체자'를 만들어 1956년부터 간체자(또는 간화자) 방안을 정식으로 공포했다. 예를 들면 '학습'이라는 한자를 번체자로 쓰면 '學習', 간체자로 쓰면 '学习'가 된다. 글자가 훨씬 단순해진 것이다. 더 극적인 예로는 상상의 동물 '용'이 있다. 번체자는 '龍'이고 간체자는 '龙'이다.

결론적으로 이미 한자를 어느 정도 알고 있다면 공부에 보탬이 될 수는 있지만, 결국 간체자를 새롭게 외워야 한다는 뜻이다. 반면 한자를 배우지 않은 사람은 처음부터 훨씬 간단한 간체자를 외우면 되니 부담이 덜하다. 그래도 한자를 조금이라도 배워본 학습자가 중국어 쓰기에 어려움을 덜 느끼긴 하지만 그건 한자에 대한 지식의 차이라기보다, 과거에 한자를 배워본 경험 자체가 자신감을 심어주기 때문이라고 본다. 그러니 기왕 한자를 외워야 하는 거, 나도 잘할 수 있다는 마음을 갖고 표의문자의 특성을 십분 활용한 효율적인 방법으로 외워보면 어떨까?

중국어 공부를 돕는
드라마와 영화 추천

1. 환락송 欢乐颂

미국에 〈프렌즈〉가 있다면 중국에는 〈환락송〉이 있다. 〈환락송〉은 드라마를 통해 중국어를 공부하는 학습자들로부터 오랜 시간 사랑받아온 중국 드라마다. 2016년 4월 처음 방영된 이후로 꾸준한 인기를 얻어 시즌 3까지 제작되었다. 시즌 1은 42부작, 시즌 2는 55부작으로 상당한 장편 드라마다.

　〈환락송〉은 같은 아파트 22층에 사는 다섯 명의 여자들이 우연한 계기로 친해지면서 서로 다투기도 하고 의지하기도 하며 각자의 삶을 살아가는 이야기를 담고 있다. 다섯 캐릭터가 각자 다른 성격을 갖고 있어 드라마를 보다 보면 자연스레 자신만의 '최애'가 생길 것이다. 워낙 많은 내용을 담고 있는 드라마다 보니 지루한 부분도 있지만, 이 드라마가 '중드의 정석'으로 불리는 데는 명확한 이유가 있다.

첫째, 〈환락송〉은 중국 대도시인 상하이를 배경으로 하고 있다. 부유한 집안에서 태어나 온실 속 화초처럼 자라온 인물부터 '상하이드림'을 꿈꾸며 대도시로 상경해 아등바등 살아가는 인물까지, 도시에서 생활하는 중국 젊은이들의 다양한 생활 방식과 가치관 등을 살펴보기에 좋다. 대부분의 등장인물이 표준어를 구사하기 때문에 중국어를 공부하는 데도 좋고, 중국의 도시 문화를 자연스럽게 배우기에도 좋다.

둘째, 워낙 오랜 시간 수많은 학습자들의 공부 수단으로 활용된 드라마이기 때문에 학습 자료를 쉽게 찾을 수 있다. 네이버 블로그에도 환락송의 명대사를 활용한 다양한 학습 자료가 있고, 유튜브에도 유용한 콘텐츠가 많아 참고거리가 풍성하다.

2. 상견니 想见你

세상을 떠난 남자친구와 똑같이 생긴 남자를 만나게 되면 어떨까? 〈상견니(想见你)〉라는 드라마 제목은 '네가 보고 싶어'라는 뜻을 담고 있다. 비행기 사고로 남자친구를 잃은 여자 주인공이 힘들게 하루하루를 견뎌내던 어느 날, 우연히 받게 된 카세트 플레이어로 노래를 듣다 잠에 든다. 그녀가 눈을 떴을 때는 1998년. 과거를 살고 있는 19살 여학생 천원루의 몸에서 깨어나게 된 주인공은 예전 남자친구와 똑같이 생긴 리쯔웨이를 만나게 된다.

시공간을 초월하는 순수하고도 애틋한 사랑 이야기를 담은 이 드라마를 보고 있자면 마음이 절로 따뜻해진다. 타임슬립 영화답게 후반부에는 과거와 현재의 이야기가 퍼즐처럼 척척 들어맞으며 예상치 못한 장면들이 펼쳐지는데, 로맨스의 달달함과 추리물의 긴장감을 모두 잡은 드라마라 할 수 있다.

〈상견니〉는 대만 드라마로 우리가 일반적으로 배우는 표준어와는 발음이 조금 다른 부분이 있다. 특히 대만어는 혀를 말아주는 '얼화음(儿化音)'을 쓰지 않으며 일본 식민지 시기의 영향으로 일부 표현에 일본어의 잔재가 남아 있다. 예를 들어 중국은 도시락을 뚜껑 덮은 밥이라고 해 盒饭[héfàn]이라 하는데, 대만은 일본 도시락 '벤또'에서 유래한 便当[biàndāng]을 쓴다. 그러나 이런 부분이 학습에서 유의미한 차이를 만들지는 않기 때문에 대만 드라마로 공부하면 안 되는 것은 아니다. 무엇보다 학습 흥미를 증진시키는 차원에서 드라마를 활용하는 것이니 중국 드라마든 대

중국어가 인생을 바꾼다. 진짜로

만 드라마든 스스로 재미를 느끼는 것이 가장 중요하다.

이 드라마의 가장 좋은 점은 '넷플릭스'로 볼 수 있다는 점이다. 한국어 자막으로 한 번 보고나서 중국어 자막으로 한 번 더 볼 수 있다. 게다가 넷플릭스의 구간 반복이나 속도 조절 같은 기능도 이용할 수 있으니 학습자가 필요한 툴이 모두 갖춰져 있는 셈이다.

3. 먼 훗날 우리[후래적아문] 后来的我们

문득 먹먹한 멜로 영화가 보고 싶은 날이 있다. 그럴 땐 이 영화를 보자. 〈먼 훗날 우리〉는 춘절에 고향으로 가는 기차에서 만나 인연을 맺게 된 남녀 주인공의 사랑 이야기를 담고 있다. 우연히 기차에서 만나 친구가 된 두 주인공은 베이징이라는 복잡한 도시에서 아등바등 살아내며 인생 역전을 꿈꾼다. 사람 하나 겨우 들어가 살 수 있을 법한 단칸방에서 두 사람이 부대껴 살면서도 언젠간 다가올 장밋빛 미래를 꿈꾼다. 그렇게 서로를 응원하고 위로하며 사랑을 시작한다.

〈먼 훗날 우리〉는 중국 사람들이 명절을 보내는 북적북적한 모습, 하루 벌어 하루 먹고 사는 중국 청년들의 모습 등 솔직한 삶의 모습을 여과 없이 보여준다. 중화사상이 드러나는 작위적인 내용에 대한 거부감이 있는 학습자라면 〈먼 훗날 우리〉처럼 담백한 영화가 잘 맞을 것이다.

〈상견니〉가 판타지를 곁들인 달달한 청춘 드라마라면 〈먼 훗날 우리〉는 씁쓸할 정도로 현실적인 어른의 사랑을 담은 영화다. 이 영화의 특이한 점은 현재 시점을 흑백으로, 과거 장면을 컬러로 표현한다는 것이다. 영화 중반부에 가면 그 이유를 찾을 수 있는데 감독의 의도를 알고 나면 마음이 더욱 저릿해질 것이다.

2장

뻔하지만
그래도 시작이 반이다

알고 보면 중국어처럼
쉬운 언어도 없다

언어 학습과 관련해 이런 이야기가 있다. 일본어는 웃으면서 들어갔다가 울면서 나오는 언어이고, 중국어는 울면서 들어갔다가 웃으면서 나오는 언어이고, 프랑스어는 울면서 들어갔다가 울면서 나오는 언어라는 말. 그저 우스갯소리로 넘기기에는 세 언어를 다 배워본 입장에서 무척이나 공감되는 내용이다.

내가 중국에서 유학할 동안 엄마는 일본에 있었다. 방학이 되면 엄마가 지내고 있는 오사카 근교 히메지에 종종 놀러 갔고, 일본어를 유창하게 구사하는 엄마를 보며 일본어에 대한 관심이 싹트기 시작했다. 일본어를 제대로 배우기 시작한 건 대학 입학 후였다. 일본어는 한국어와 문법 순서가 같아 배우기 쉽다는 얘기를 들어서인지 시작부터 자신만만했다. 학교 근처 서점에서 독학서를 한 권 사서 열심히 히라가나부터 외웠던 기억이 난다.

그런데 웬걸, 히라가나를 겨우 익혔는데 가타카나라는 장벽이 나타난 것이다. '아니, 발음은 같은데 생김새만 다르다고?' '왜 같은 말을 두 번이나 외워야 하는 걸까?' 심지어 가타카나를 끝내도 한자를 외워야 하니 시작부터 힘이 쭉 빠지는 기분이었다. 게다가 배우면 배울수록 어려워지는 존칭어 표현에 진절머리가 날 지경이었다. 분명 호기롭게 덤볐으나 결과적으로 울면서 문을 닫게 된 것이다.

프랑스어를 배운 것도 그쯤이었던 걸로 기억한다. 대학교 교양 과목인 제2외국어를 필수로 수강해야 했기에 그동안 배워보고 싶었던 프랑스어를 주저 없이 선택했다(일본어 과목은 개설되지 않았다). 그런데 첫 수업부터 도무지 이해되지 않는 개념을 접하게 되었다. 책상, 의자, 테이블이 여자이고 책, 가방, 휴대폰이 남자라는 것이다. 명사나 동사에 성별이 있다니 이게 무슨 소리인가? 단어가 가진 성별에 따라 관사(un, une, des 등)가 달라지니 단어의 발음과 뜻은 물론이거니와 성별까지 외워야 한다는 걸 받아들이기가 여간 힘든 게 아니었다. 그 뒤로 수업을 세 번 정도 더 나갔을까? 결국 수강 철회라는 필연적 결말을 맞게 되었다.

그에 비해 중국어는 생각보다 단순한 언어다. 진입 장벽이 높아서 그렇지, 배우면 배울수록 쉽게 느껴지기 때문에 들어갈 때는 울어도 나올 때만큼은 웃을 수 있다. 중국어에는 우선 한국어, 일본어와 달리 존칭어가 없다. 이건 어학을 배우는 사람의 입장에서 축복이나 다름없다. 학창시절 국어 시간에 여러 존칭어를 머리 싸매고 외워본 경험이 있을 것이다. 상대높임법, 주체높임법, 객체높임법 등 종류도 다양하다. 어디 그뿐인가? '-습니다'로 끝나는 하십시오체는 격식체이며 아주 높임 표현이고, '-시오'로 끝나는 하오체는 예사 높임, '-게' '-(으)이' 등으로 끝나는 하게체는 예사 낮춤 등등 상황에 따라 써야 하는 존칭 표현이 다르다. 심지어 의문문인 경우 '-합니까' '-한가요' '-하니'처럼 어미까지 변화한다.

JTBC의 예능 프로그램 <비정상회담>에서 미국인 패널인 마크 테토가 존칭어 때문에 생긴 일화를 털어놓은 적이 있다. 마크 테토는 '-하자'의 존댓말을 '-합시다'라고 생각했다. 그런데 회사 상사에게 "부사장님, 다음 주에 식사 같이 합시다."라고 하자 상사의 표정이 굳어버렸다는 것이다. 부사장님은 그에게 "마크, 그렇게 말하면 안 돼. 그건 아랫사람한테 쓰는 존댓말이야."라고 일러주었다고 한다. 마크의 말이 끝나기 무섭게 다른 외국인 패널은 아랫사람한테 쓰는 존댓말이 있다는 걸 오늘 처음 알았다며 당황스러운 표정을 지었다. 마크는 'Let's do something'을 한국어로 대체 어떻게 표현해야 할지 모르겠다며 요즘은 아예 "부사장님, 같이 식사하는 게 어떠실는지요?"라고 묻는다고 했다. 이를 들은 한국인 출연진들은 폭소를 터뜨리며 대단하다는 극찬을 쏟아냈다.

마크의 예시는 우리가 일상적으로 쓰는 존칭어가 외국인 학습자 입장에서는 몹시 어려운 문법이라는 사실을 보여준다. 그러나 중국어에는 이런 존칭어가 없다. 상황에 따라 '당신'이라는 주어 '니(你)'를 높임 표현인 '닌(您)'으로 바꿔주는 정도일 뿐이고, 그마저도 그저 선택 사항이다. 단적인 예로 나이 지긋한 할아버지에게 "식사하셨어요?"라고 묻고 싶을 때 "닌(您)츠판러마?"라고 물어도 되지만 "니(你)츠판러마?"라고 해도 아무도 문제 삼지 않는다.

심지어 복잡한 조사도 없다. '나는 밥을 먹는다' '내가 밥을 먹는다' 모두 '니츠판러마'다. 영어처럼 동사의 변형도 없다. 개인적으로 영어를 공부하며 가장 헷갈렸던 건 시제에 따른 동사 변화였다. 'write-wrote-written' 같은 3단 변화를 암기하는 건 기본이고 have p.p, have been p.p 등 상황에 맞게 변형해 써야 한다.

　그러나 중국어는 다르다. 시간사나 조사를 넣어 동작이 끝났는지, 진행 중인지만 표현해주면 된다. 예를 들어 "你/上班？"은 "너/출근해?"라는 문장인데 여기에 '내일'이라는 단어 明天만 맨 앞에 넣어주면 "明天/你/上班？" 즉 "너/내일/출근해?"라는 문장이 된다. 물론 문법적으로 더 다듬어주면 좋겠지만 회화로는 이렇게 단순하게도 충분히 표현할 수 있다는 걸 말하고 싶은 것이다.

　트위터에서 한 일본인이 올린 재미난 글을 본 적이 있다.

　한국어 초보 외국인에게 '한국어로 시간 말하기'가 거의 고문에 가깝다는 것을 알아주는 한국 사람은 그리 많지 않다ㅜㅜ 7:07을 왜 굳이 '일곱 시' '칠 분'이라 해야 하는가? '일곱 시' '일곱 분'이라 하면 왜 고깃집 화이트보드 문구가 되는 건가?

뻔하지만 그래도 시작이 반이다

사실 이처럼 한국어는 배우기 꽤 까다로운 언어에 속한다. 그러니 한국어를 잘하는 사람이 문법적으로 그보다 훨씬 단순한 중국어를 익히지 못할 이유가 전혀 없다.

동네북이거나
팜므파탈이거나

내 경험상 성인이 되어 중국어를 배우러 온 사람들 중 대다수는 학창시절 중국어를 접해본 적이 있는 이들이다. 중·고등학교 때 제2외국어로 중국어를 택했다거나, 대학교 교양 수업을 들었다거나, 하다못해 중국인 친구에게 몇 마디 배워봤다는 사람들이 '이번엔 제대로 공부하고 싶다'며 찾아오곤 한다. 심심할 때 한 번 찾고, 필요할 때 한 번 찾고. 여기저기서 두세 번씩 찔러보는 게 바로 중국어다. 세상에서 제일 만만한 동네북이라 할 수 있겠다.

실제로 중국어는 영어보다 부담이 훨씬 덜하다. 영어를 평생의 숙제처럼 여기는 사람은 비단 나뿐만이 아닐 것이다. 자고로 한국에서 영어 실력은 어릴 때부터 기본 자질로 여겨지기 때문에 잘하면 본전이고 못하면 위축되기 일쑤다. '내가 미국에서 태어났어야 했는데…. 한국어가 세계 공용어면 얼마나 좋아!' 같은 생각은 한국인이라면 다들 한 번쯤 해보지 않았을까? 그러나 중국어는 잘하면 주목받고 못한다고 해도 아무 문제 없으니 이보다 마음 편할 수 없다.

어느 모임이든 내가 중국어 강사라는 사실을 밝히면 꼭 바람잡이 한 명이 나서서 이렇게 말한다. "오? 중국어 선생님이요? 저희 ○○ 씨도 중국어 잘하는데, 둘이 중국어로 한번 대화해보세요!" 거기에 지목된 상대가 "나 그 정도는 아니야~" 하며 손사래를 쳐도 바람잡이는 끈질기게 우리 둘의 중국어 대화를 요구한다. 중국어로 대화한들 알아듣지도 못하면서 자기 상사 또는 동료의 실력을 검증하고 싶은 건지, 그냥 중국어가 한번 들어보고 싶은 건지 이유는 잘 모르겠다.

결말은 대체로 비슷하다. "안녕하세요. 제 이름은 아무개입니다. 만나서 반갑습니다." 정도의 말을 하고 대화가 중단된다. 내 역할은 그가 배웠을 만한 단어 몇 개를 던져주며 그럴듯한 대화가 이어지는 것처럼 모양새를 만들어준 뒤 발음이 좋다는 등 칭찬 몇 마디를 덧붙이는 것이다. 이를 흥미롭게 지켜보던 청중이 반짝이는 눈으로 방금 무슨 대화를 나눴는지 물어보면 '서로 간단히 자기소개 했다'고 답한다. 틀린 말은 아니니까. 이렇게 30초도 채 되지 않는 대화가 끝나면 중국어 대화에 참여하게 된 ○○ 씨를 향한 박수갈채가 쏟아진다. 대부분 우리의 대화를 알아듣지 못하기 때문에 짧은 몇 마디로도 중국어 실력자처럼 보일 수 있다.

그럴 때면 엷게 웃어 보이면서 속으로 '중국어는 가성비가 참 좋은 언어구나.'라고 생각한다. 영어 같으면 간단한 몇 마디로도 부족한 실력이 만천하에 발가벗겨지는 기분이 들 테지만 중국어는 어느 정도만 해도 중간은 간다. 잘하면 더 좋겠지만 말이다. 그러니 다들 큰 부담 없이 '다시 시작해볼까?' 하며 중국어에 자꾸 발을 들이게 되는 듯하다.

나와 중국어를 공부한 학생들이 개인 사정으로 학습을 잠시 중단하게 되면, 꼭 다시 배우러 오겠다며 약속하는 경우가 많다는 것도 흥미롭다. 심지어 대부분은 그 약속을 지킨다. 회사 프로젝트 때문에 바빠져 그룹 수업에서 빠진 학생은 6개월 뒤에 프로젝트가 마무리되었다며 개인 수업을 요청했고, 1년 동안 장기 출장을 떠난 학생도 돌아와서 다시 배움의 끈을 붙들었다.

중국어 공부에 몹시 열정적인 이들도 꽤 많다. 그래서 중국어가 동네북보다는 굉장한 매력을 지닌 '팜므파탈(또는 옴므파탈)'에 가깝다는 생각도 해본다. 어찌되었든 중국어를 안 배워본 사람은 있어도 한 번만 배우는 사람은 없으니 말이다. 그러니 일단은 한번 시작해보는 게 어떨까?

할까 말까 망설여질 때 나는 늘 행하는 쪽을 택했다. 세상에는 이게 똥인지 된장인지 굳이 먹어보지 않아도 될 만큼 명백한 일보다 맛보지 않으면 결과를 알 수 없는 일이 더 많다. '공행공반(空行空返)'이라는 사자성어는 '행하는 것이 없으면 돌아오는 이득도 없음'을 의미한다. 백 가지의 빛나는 아이디어를 머릿속에 갖고만 있는 것보다 한 가지의 평범한 일을 실천으로 옮기는 쪽이 성공과 더 가까운 길이다.

중국어를 제대로 경험해보지도 않고 어려울 것 같다는 이유만으로 시도조차 하지 않는 건, 이솝우화 속 여우가 높은 가지에 매달린 포도를 보고 '저건 분명 시어서 못 먹는 포도일 것'이라며 단언하고 포기해버리는 것과 다를 바 없지 않을까? 물론 한번 결심하고 시작했다면 꾸준히 배우는 게 좋겠지만 상황이 여의치 않아 중국어를 잠시 놓아야 하는 순간이 올 수도 있다. 또는 중국어가 생각보다 어려워 잠시 쉬고 싶을 수도 있다. 그래도 괜찮다. 어차피 부담 갖고 배울 언어가 아니기 때문이다. 게다가 누구든 출발선으로부터 딱 한 걸음만 내딛으면 중국어 배우기를 쉬는 동안에도 이런 말을 반복하게 될 것이라 확신한다.

'아! 나 중국어 공부 다시 시작해야 되는데…'

중국어,
얼마나 배워야 할까?

많은 입문자들이 중국어를 어느 정도 배워야 막힘없이 의사소통이 가능한지 궁금해한다. 실은 3개월, 6개월, 1년처럼 딱 떨어지는 기간이기를 원한다. 그도 그럴 것이 중국어 공부에 대한 기회비용이 얼마나 되는지 알아야 효율적으로 시간을 쓰며 향후 계획까지 세울 수 있기 때문이다.

거두절미하고 뻔한 답부터 하자면 공부 기간에 대한 정답은 없다. 영어만 해도 그렇지 않은가? 2년 정도 어학연수를 갔다 온 뒤혀에 기름칠한 듯 청산유수인 사람이 있는 반면, 20년 넘게 영어와 끈질긴 전쟁을 이어왔으나 남들 앞에서 당당하게 말 한마디

못 하는 사람이 있다. 사람마다 다르고 환경에 따라 또 다르기 때문에 확실하게 어느 정도 공부해야 한다고 말하기 애매한 것이다. 여기까지 이야기하면 학생들은 질문의 내용을 조금 바꿔 다시 묻는다.

"그럼 매일 열심히 공부한다는 전제하에 얼마나 배워야 말을 잘할 수 있나요?"

그렇다면 먼저 프리토킹의 기준에 대해 이야기해보자. 프리토킹은 자신의 의사를 자유롭게 표현할 수 있는 정도의 실력을 전제한다. 따라서 내가 어떤 말을 얼마만큼 표현하고 싶은지가 중요하다. 예를 들어 중국으로 여행을 다니는 사람이라면 식당에서 음식을 주문하고, 상황에 따라 메뉴를 추천받을 수 있으며, 호텔로 돌아가 직원에게 모닝콜을 요청하는 것만으로도 충분히 프리토킹이 가능하다고 볼 수 있다. 반면 비즈니스 미팅에 참석해야 하는 이는 업무와 관련된 이야기를 나눌 수 있어야 비로소 자유로운 대화가 가능하다고 느낄 것이다. 따라서 중국어를 얼마나 배워야 할지 고민하기 전에 얼마큼 배울 것인지를 정해야 한다.

여행용으로 중국어를 배운다면 3개월이면 충분하다. 3개월의 시간마저 아까운 사람도 있을 수 있다. 하지만 중국 여행을 하다 보면 영어가 통하지 않는 상황과 마주할 확률이 높다. 아무 준비 없이 떠나는 것보다 어느 정도 중국어를 익혀 가는 것이 훨씬 좋다. 여행 상황에서 쓰이는 표현은 한정적인 데다가 몸짓 언어를 활용할 수 있어 그리 오랜 시간을 들일 필요는 없다.

앞서 언급했듯, 일상생활에서 사용하는 한자는 많아야 3천 개다. 1천 개의 상용 한자를 알면 서면 자료의 92%를 읽을 수 있고, 2천~3천 개를 알면 98~99%를 읽을 수 있다. 100일 동안 하루에 10개씩만 외워도 1천 개의 한자를 익힐 수 있으니 어휘에 대한 고민은 조금 덜어두어도 좋다. 게다가 중국어 문법은 단순한 편이기 때문에 자주 쓰는 패턴 문장 50개만 외워도 웬만한 의사소통이 가능하다. 대부분의 독학서 역시 100일을 기준으로 학습 목표를 세우기 때문에 3개월 정도 배우고 여행을 떠나면 된다.

여기서 욕심을 좀 더 내서 현지에서 만나는 중국 사람들에게 말을 붙여보고 싶다면 권장 학습 기간은 9개월로 늘어난다. 다섯 마디 이상을 주고받는다면 내 의사만 표현해서는 안 된다. 상대방의 이야기를 듣고 그에 따른 대답을 하거나 반응을 보여야 한다. 일상에서 중국어를 매일 접할 수 있는 환경을 갖춘 게 아닌 이상 말하기보다 듣기가 더 어렵게 느껴질 것이다. 따라서 귀가 트일 때까지의 시간이 필요하다.

나는 귀가 트이는 데 3개월이 걸렸다. 중요한 건 그 3개월 동안 잠자는 시간을 제외한 거의 모든 시간에 중국어를 듣고 있었다는 것이다. 매일같이 교실에 앉아 오전 8시부터 오후 5시까지 중국 어로 이루어지는 수업을 듣고, 숙소에 돌아가 중국 친구들이 참 새처럼 떠드는 소리를 한 귀로 흘려보내다가, 소등 후에 스피커 를 통해 흘러나오는 옛날이야기를 수면제 삼아 잠들었다. 중국어 를 귀에 달고 살았을 때 기준으로 3개월이니, 이와 같은 환경이 갖추어질 리 없는 우리에게는 적어도 세 배의 시간인 9개월이 필 요하다.

여기에 비즈니스 중국어까지 제대로 구사하고 싶다면 1년 6개 월은 열심히 공부하는 게 좋다. 중국어는 존댓말이 없으나 상황 에 맞는 적절한 표현은 구분해서 써야 한다. 아무리 존댓말이 없 다고 해도 친구들과 편하게 쓸 수 있는 표현과 국제적 행사 자리 에서 쓰는 표현에는 확연한 차이가 있기 때문이다.

공식 자리에서 상대를 존중하는 대표적인 말하기 방법은 주어를 높이는 것이다. '너(你)' 대신 '당신(您)'이란 대명사를 쓰거나, '당신 회사(你公司)' 대신 '귀사(贵社)'라는 단어를 사용하는 식이다. 또한 구어체 표현을 피하고 문어체를 씀으로써 격식을 나타낼 수도 있다. '만나다(见面)' 대신 '소견하다(召见), 회견하다(会见)' 등의 단어를 쓰는 것이다.

사용하는 단어에 따라 윗사람과 아랫사람의 지위 차이가 드러나는 것도 있으므로 이런 점도 주의해야 한다. 예를 들어 아랫사람이 윗사람에게 말 또는 상황을 전달할 때 '보고하다'라는 뜻의 단어 汇报, 报告 등을 쓰지만, 반대로 윗사람이 아랫사람에게 말할 때는 '통보하다' '전달하다'라는 뜻을 가진 通报, 传达 같은 단어를 주로 사용한다. 따라서 이런 격식 있는 표현을 따로 익혀야 하기에 학습 기간을 더 두고 차근차근 공부하는 것이 바람직하다. "부사장님, 다음 주에 식사 같이 합시다." 같은 실수를 방지하기 위해서!

지금까지 나름의 근거를 토대로 권장 학습 기간을 이야기해보았다. 조심스럽게 개인적인 취향을 밝히자면 나는 '중국어 한 달 스파르타 학습반'과 같은 상품을 별로 좋아하지 않는다. 스파르

타반은 대개 몇 개월 공부하면 어느 정도 기본적인 대화를 할 수 있다는 매력적인 문구를 걸어 학습자들을 현혹한다. 물론 긴 시간을 내기 어려운 사람들에게는 매력적인 상품이겠지만 막상 수업을 듣고 나면 실망하는 경우가 많다. 학습자들은 '기본적인 대화가 가능하다'는 두루뭉술한 말을 자의적으로 해석해 수업을 등록하게 된다. 하지만 이 역시 앞서 '프리토킹'의 기준을 이야기했던 것과 마찬가지다. 어떤 사람은 중국인 친구와 간단한 안부를 묻는 수준을 기대했을 것이고, 어떤 사람은 중국에서 업무 전화가 걸려왔을 때 응대할 수 있는 수준을 기대했을 것이다. 이렇게 모두가 다른 목표를 갖고 수강하니 과연 그중 몇 명이 만족하며 돌아갈 수 있을까?

언어를 배운다는 것은 얼마나 배울 것인지보다 얼마만큼 배울 것인지가 중요하다. 따라서 '단기 완성'보다는 '어떤 내용을 얼마큼 완성'할 수 있을지에 집중해야 한다는 것을 잊지 말자.

우리는 이미
중국어를 쓰고 있다

우리가 자주 쓰는
중국어의 진짜 의미

한국에서는 중국 술을 속칭해 '빼갈'이라 한다. 빼갈은 중국어 발음에서 유래한 단어다. 중국 술은 투명하고 알코올 도수가 높다. 따라서 '하얗다'라는 의미의 바이(白)와, 알코올 함량에 비해 물 함량이 낮다는 점에서 '건조하다, 마르다'라는 뜻의 깔(干儿)을 합쳐 '바이깔'이라 부르게 된 것이다. 그 발음이 한국으로 넘어와 '빼갈'이 되었을 것으로 추정할 수 있다.

'바이깔'의 '깔'은 뒤에 혀를 굴리는 발음을 빼고 담백하게 '깐'이라고도 하는데 '건배'를 뜻하는 '깐뻬이(干杯[gānbēi])'에도 이 한자가 들어간다. 그러니까 중국에서 건배란 '잔이 마르다'라는 뜻이기 때문에 잔을 비우라는 의미가 된다. 따라서 신나게 건배를 외쳐놓고 잔만 부딪친 뒤 술을 모두 비우지 않는다면 따가운 눈총을 받게 될 수 있다는 사실을 기억하자.

빼갈 하니까 생각나는 단짝 음식이 있다. 바로 마라탕이다. 언제부터인가 한국의 젊은 사람들이 마라의 얼얼하고 자극적인 맛에 빠져들기 시작했고, 마라탕이 유행처럼 번지기 시작하더니 '마세권'이라는 단어까지 생겼다.

마라탕(麻辣燙)은 이름 그대로 '얼얼하고 매운 탕'이라는 뜻이다. 한자 3개가 음식의 맛과 형태를 압축적으로 담고 있는 셈이다. 이 단어들을 알면 중국 식당에서 메뉴판을 볼 때 많은 힌트를 얻을 수 있다. 메뉴 이름에 '마(麻)'가 들어가면 기본적으로 향신료가 들어간 음식이라는 것, '라(辣)'가 들어갔다면 매운 음식이라는 것, '탕(燙)'이 있다면 국물 요리라는 것을 알 수 있다. 라조기, 마라샹궈, 산라탕, 완탕면 등 중국집에서 흔히 볼 수 있는 메뉴들도 이제 각 음식 이름에 들어간 글자가 어떤 의미를 갖고 있는지 바로 알 수 있을 것이다. 별거 아닌 듯하지만 이렇게 한자를 활용한 상식은 식사 자리나 술자리에서 괜히 아는 척하기에 무척 좋다.

참고로 마파두부(麻婆豆腐)의 '마' 자는 '마라'의 '마'와 같은 한자이긴 하나, 얼얼하다는 뜻이 아니라는 사실도 함께 알아두면 좋다. '마(麻)'는 '깨'라는 뜻도 있는데, 얼굴에 주근깨가 난듯 곰보가 많이 핀 여인이 만든 두부 요리라는 의미에서 '마파두부'라는 이름이 탄생했다고 한다.

음식 이야기를 하니 중국집 생각이 절로 난다. 중국 음식점이라고 하면 '○○반점'이란 이름부터 떠오른다. '반점(饭店)'은 밥을 뜻하는 '반(饭)'과 가게라는 뜻의 '점(店)'을 합친 단어로 쉽게 말해 밥집이라는 뜻이다. 그러니까 중화반점은 중국 밥집, 홍콩반점은 홍콩 밥집이 되겠다. 그런데 요즘 중국에서는 饭店이라는 단어가 밥집보다는 '호텔'의 의미로 쓰인다. 서양에서 넘어온 호텔은 기존의 여관과 달리 숙박만 제공하는 것이 아니라 식사도 제공하는 고급 시설이기 때문에 饭店이 호텔을 의미하게 되었다고 한다.

이와 같은 맥락에서 '주점(酒店)' 역시 술을 파는 가게가 아닌 고급 호텔을 의미한다. 송나라 때부터 술 마시는 장소는 곧 그 사람의 신분이나 지위를 나타낸다고 보았는데, 그래서 기존 숙박업소와 차별화된 럭셔리한 이미지를 심어주기 위해 '비싼 술을 파는 곳'이라는 의미에서 주점이라 부르는 게 아닐까 추측한다. 실제로 한 학생이 주점, 즉 호텔이라는 단어를 배우자 이마를 탁 치며 이렇게 말한 적이 있다.

"어쩐지! 공항에서 내리자마자 화려한 고층 건물마다 '주점(酒店)'이라고 적혀 있는 거예요. 중국 사람들은 참 술을 좋아하는구나. 심지어 대륙이라 그런지 술집 스케일도 남다르다. 이런 생각을 했었거든요!"

그렇다면 진짜 술집은 뭐라고 부르면 좋을까? 중국은 웬만한 외래어도 다 중국식 표현으로 바꿔 쓰지만, 술집을 표현할 때는 재미있게도 영어의 bar를 음역한 吧[ba] 자를 활용해 '주빠(酒吧[jiǔbā])'라 부른다.

이처럼 우리는 일상생활에서 중국어를 꽤 자주 접하고 있다는 걸 알 수 있다. 중국어의 또 다른 매력은 각 한자마다 의미를 갖고 있기 때문에 단어 하나만 알고 있어도 다른 단어를 외우기 쉽다는 것이다. 마치 '마라탕'을 활용해 다른 음식의 맛과 향까지 추측할 수 있듯이.

알쓸신잡,
알고 보면 한자어에서 온 말들

한국어에서 한자어가 차지하는 비중이 크다는 건 누구나 아는 사실이다. 2010년 국립국어원이 발간한 '숫자로 살펴보는 우리 말'에 따르면 표준국어대사전에 실린 표제어 중 한자어가 58.5%를 차지한다. 그러니 한자어를 한자어인 줄도 모르고 사용하는 경우도 예삿일일 것이다. 당연히 순우리말이라고 생각했던 단어 '호랑이'가 호랑(虎狼)이라는 한자어에 접미사 '-이'가 붙어 만들어진 말이라는 걸 알았을 때의 충격을 아직도 잊을 수 없다. 오히려 한자어인 줄 알았던 '범'이 순우리말이었다.

한자어는 우리 일상과 굉장히 밀접하며, 따라서 우리말과 중국어가 맥을 같이하는 부분이 굉장히 많다. '호랑이'의 실체에 적지 않은 충격을 받았던 날, 호기심에 이런 단어가 또 뭐가 있을지 찾아보았다. 그때 내가 찾게 된 단어를 함께 살펴보면, 어렵게만 느껴졌던 중국어와 한자가 훨씬 친근하게 느껴질 것이다.

모두가 함께 먹고 마시며 만끽하는 크리스마스 이브. 나만 홀로 쓸쓸하다. 도대체 내 사랑은 어디에 있는 걸까?

눈치챘겠지만 위의 문장에 표시된 부분은 모두 한자어다. 고유어의 모습을 하고 있지만 말이다. '만끽(滿喫)'은 '만족하다'와 '먹다'의 의미가 결합된 한자어다. 끽(喫)의 간체자가 바로 '니츠판러마(你吃饭了吗)?'의 츠(吃)다. 그러니까 '만끽하다'라는 건 만족스러울 때까지 먹고 마시며 즐기는 걸 뜻한다.

'쓸쓸하다'는 '슬슬(瑟瑟)하다'가 변형된 말이다. 이와 같은 뜻인 '적적하다' 역시도 '적적(寂寂)'이라는 한자어에서 왔다. '도대체(都大體)'의 사전적 정의는 '다른 말을 그만두고 요점을 말하자면'이다. '도(都)'는 대충이라는 뜻이며 '대체(大體)'는 내용의 줄거리를 뜻한다. 그러니 '대충 핵심 줄거리만 말하자면' 정도로 해석할 수 있다.

이 외에도 우리말인 줄 알고 쓰지만 한자어에서 파생된 말이 굉장히 많다. 감자의 어원은 '감저(甘藷)'였고 원래는 고구마를 뜻했다. 배추는 '백채(白菜)'에서 왔으며 '하얀 채소'라는 뜻이다. 또 '환장하다'라는 말의 '환장'은 '환심장(換心腸)'의 줄임말인데 심장과 내장이 뒤집힐 정도로 미치겠다는 의미다.

영어와 한자어가 만나 이루어진 말도 있다. 영어와 한자어의 결합이라니 괜히 낯설게 느껴지지만 실은 이 역시 통용되는 조합이다. 나쁜 짓을 일삼는 폭력배를 속된 말로 '깡패'라고 한다. 범죄 조직을 일컫는 'gang'에 패거리를 뜻하는 '패(牌)'를 합친 단어다. 그 외에 택시비(taxi 費), 만땅(滿tank), 멘붕(men崩), 악플(惡pl), 휴대폰(携帶phone) 등 모두 우리가 평소에 자주 쓰는 말이다.

그러니 한국인이라면 중국어를 잘 배울 수밖에 없다. '저는 한자 잘 몰라요'라고 하는 사람도 따지고 보면 평소 입에서 나오는 말 중 대부분이 한자어라는 사실. 단지 너무 자연스럽게 쓰는 말이다 보니 인지하지 못했을 뿐이다.

고맙게도 우리가 흔히 쓰는 한자어 중에는 중국어와 발음까지 비슷한 표현이 꽤 있다. 예를 들어보자. 편의점 아르바이트생끼리 업무를 나누는 상황에서 "라면은 네가 정리해."라는 말을 해야 한다고 가정하자. 중국어로는 이렇게 말할 수 있다. "라멘, 니 정리(拉面, 你整理[lāmiàn, nǐ zhěnglǐ])." 조사만 쏙 빼놓으면 우리말과 크게 다를 것 없이 들린다. 라면은 일본에서 온 말이니 발음이 비슷한 것이고, '정리하다'라는 한자의 중국어 발음이 '정리[zhěnglǐ]'이기 때문에 거의 한국어나 다름없이 들린다.

중국어를 배우면 이런 재미가 있다. 내가 몰랐던 한자어를 알아가는 재미와 한자어를 통해 중국어를 쉽게 외우는 재미.

입이 트이기 위해
필요한 조건 세 가지

첫 번째 조건,
말랑말랑해질 것

제2외국어는 뇌가 말랑말랑한 어린 나이에 배울수록 좋다는 말이 있다. 어린 나이에 외국어를 배웠던 나는 이 말을 어떻게 생각할까? 결론부터 말하자면 반은 맞고 반은 틀리다. 유아는 스펀지 같은 언어기억장치를 갖고 있어, 보고 듣는 것을 이미지 또는 음성 그 자체로 받아들이기 때문에 외국어에 더 빨리 적응한다. 성인과 달리 외국어를 모국어로 전환하는 과정이 필요 없기 때문에 학습 속도가 뛰어난 것도 사실이다. 그렇다고 해서 '단지 어리다는 이유만으로' 언어 학습에 유리하다고 보기는 어렵다.

초등학교 시절 나는 묵언수행하는 승려마냥 입을 꾹 다물고 있기로 유명했다. 선생님들은 어떤 질문에나 묵묵부답인 나를 두고 이 친구는 아직 중국어를 못 알아듣는 건지, 알아들으면서 말을 하지 않는 건지 토론하곤 했다. 나의 이름만큼이나 많이 들었던 말은 '말하기를 싫어한다(不爱说话)'는 이야기였다. 처음엔 정말 알아들을 수 없어서 아무 말도 하지 못했다. 인생에서 처음으로 맞닥뜨린 언어의 장벽 때문에 입을 꾹 다물게 된 것이다. 그게 익숙해지니 나중에는 말을 하려고 해도 입이 떨어지지 않았다.

반면 나보다 3살 어린 동생은 엄청난 수다쟁이였다. 쉬는 시간만 되면 교무실로 놀러 가 선생님 옆에서 재잘거리며 예쁨받는 걸 좋아했다. 선생님들을 졸라 목마를 타기도 했는데 이는 중국 학생들도 감히 하지 못하는 행동이었다. 그 덕분에 동생의 중국어 실력은 일취월장했고 한국어만큼이나 중국어를 능숙하게 사용할 수 있을 정도가 되었다. 가끔 내게 찾아와 오늘 어떤 중국 친구와의 말다툼에서 자기가 이겼다며 자랑스레 뽐내기도 했다. 고맙게도 동생은 적어도 학교에서만큼은 나의 입과 귀가 되어주었다.

여기서 생각해볼 만한 점이 있다. 당시 10살이었던 내가 단지 동생보다 3살 더 많다는 이유만으로 언어 습득 속도가 현저히 떨어졌던 걸까? 돌이켜보면 어린 시절 나의 외국어 습득을 저해한 가장 큰 요소는 '틀리는 것에 대한 두려움'이었다. 나는 발음이 정확하지 않거나 어휘 선택이 잘못되어서 놀림받을까 봐 걱정했고, 행여나 실수라도 하면 틀렸다는 것에 대한 부끄러움을 견딜 수 없어 입을 더 굳게 다물어버렸다. 중국 친구들과 유창하게 대화를 나눌 수 있는 수준이 되기 전까지 말을 아끼고 아꼈다. 그러니 실력이 빠르게 늘었을 리가 없다.

오랫동안 정체되어 있던 중국어 말하기 실력이 폭발적으로 는 시기는 중국어 구사에 자신감이 붙은 중학생 때다. 그러니까 이야기꾼으로 한창 활약하던 시기가 되겠다. 교과서에서 배운 단어를 대화 도중 직접 써보면서 나만의 말 습관이 형성되기도 했다. '어릴수록 언어를 빨리 배울 수 있다'는 통설을 빗나가는 케이스다.

물론 14살 미만 아동이 외국어 학습에 뛰어난 성취를 보인다는 연구가 있는 것도 사실이다. 그러나 원인을 깊이 살펴보면 이는 14살, 즉 사춘기가 오기 전의 아이들은 외국어를 익히고 말하는 과정에서 부끄러움을 느낄 확률이 상대적으로 낮기 때문에 그렇다. 결국 외국어를 배우는 데 중요한 건 나이가 아니라 뻔뻔하게 말하고 뻔뻔하게 틀릴 수 있는 태도다. 외국어를 빠르게 배우고 싶다면 말랑말랑한 뇌를 부러워하기 전에 말랑말랑한 마음을 갖도록 하자.

두 번째 조건,
머리를 굴릴 것

'순수 국내파'도 중국어를 1년 정도 배우면 기본적인 독해 실력과 작문 실력을 갖추게 된다. 위에서 언급했듯 마음이 말랑한 학습자는 입도 어느 정도 트여서 하고 싶은 말을 술술 뱉을 수 있을지도 모른다. 그러나 이들 중 상당수는 중국어 듣기가 되지 않아 답답해한다. 대화를 하고 싶어도 상대방의 말을 알아들어야 말을 할 텐데, 일단 듣기에서부터 막혀버리면 소통이 어려워진다. 본격적인 학습 전에는 언제쯤 중국어로 '말할 수 있을지' 묻던 학생들이 1년 정도 배우고 나면 언제쯤 중국어가 '잘 들리는지' 묻는다. 그쯤 듣기 연습을 시작하는 것도 이런 어려움을 뒤늦게 깨달았기 때문이다.

영어 듣기 연습은 어떨까? 주변에서 영어 잘한다는 친구들에게 영어 리스닝 실력을 늘리기 위한 방법을 물으면 십중팔구 '미드'를 보라는 답을 받는다. 심지어 자막을 켜고 봐도 괜찮다는 것이다. 기대 반 의심 반으로 '미드 공부법'을 시도한 적이 있으나 한 시즌을 쭉 정주행하고 얻은 건 순간순간의 즐거움과 등장인물에 대한 애정뿐이었다. 결과적으로 즐겁게 드라마를 시청하긴 했으나 영어 공부라는 소기의 목적에는 한 걸음도 가까워지지 못했다.

외국어를 공부한답시고 생각 없이 드라마를 시청하는 것만큼 시간을 낭비하는 일도 없다. 아주 오랜 시간을 투자하지 않는 이상 눈에 띄는 소득을 얻기 어렵다. 아니 불과 몇 페이지 전에 공부법 중 하나로 '중국 드라마 시청'을 제안해놓고 갑자기 드라마 보는 건 아무 짝에도 쓸모없다니! 이게 무슨 소리인지 이해하기 어려울 수 있지만, 여기서 핵심은 오락이 아닌 학습을 목적으로 한다면 드라마든 영화든 간에 절대 '생각 없이' 봐서는 안 된다는 것이다. 다시 말해 영상을 보는 도중에도 머리를 굴려야 학습 효과를 누릴 수 있다.

나는 TV 보는 걸 좋아했다. 여느 평범한 아이들과 마찬가지로 주말마다 집에서 뒹구는 동안 TV를 끼고 살았다. 조금 다른 게 있다면 나는 어쩔 수 없이 강제로 중국 채널을 봐야만 했다는 점이다. 다른 대안이 없었다. 예능, 애니메이션, 심지어 방송 중간에 삽입되는 광고 영상에서도 중국어가 흘러나왔다. 단순히 귀로 들어서는 무슨 뜻인지 이해하기 어려웠지만 영상을 보며 내용을 추측했다.

예를 들어 광고 속 배우가 민트 사탕을 입 안으로 쏙 던져 넣고, 그의 입에서 녹색 민트 잎과 산뜻한 바람이 쏟아지는 CG가 나오며 "차오쐉!(超爽[chāo shuǎng])"이라는 대사가 들리면 대충 '시원하다는 뜻이겠거니' 추측하는 정도였다. 이렇게 추측해본 것들을 나중에 복습하고 익히는 과정이 반복되자 듣기 실력이 크게 향상될 수 있었다.

친구들의 대화를 가만히 듣고 있을 때도 마찬가지다. 두 친구가 말다툼을 하다가 그중 한 명이 분을 못 참고 씩씩대다 "워 야오 까오 라오쓸(我要告老师[Wǒ yào gào lǎoshī])!" 소리치며 뛰쳐나

갔다. 그리고 얼마 지나지 않아 그가 선생님을 데리고 교실로 들어왔다. 그렇다면 방금 그 친구는 '선생님에게 고자질하겠다'고 말했음을 알 수 있다. 위 문장은 기초적인 단어로 이루어져 있기 때문에 대부분의 단어를 이미 숙지하고 있었다면 '까오(告[gào])'라는 단어가 '이르다, 고자질하다'라는 뜻이라는 걸 정확하게 파악할 수 있을 것이다.

중국 드라마를 보며 공부할 때도 이 정도 정성은 기울여야 한다. 답답할 수 있겠지만 자막은 꺼두는 게 좋다. 중국어를 전혀 못하는 초보라면 자막과 함께 보고 나서 자막을 끄고 한 번 더 보는 걸 권한다. 이왕 자막을 볼 거면 영상 속 스크립트를 이용해 제대로 공부해도 좋다. 요즘은 공부를 돕는 훌륭한 도구가 많다. 그중 내가 가장 유용하게 쓰고 있는 건 'Language Learning with Netflix'라는 크롬 확장 프로그램이다. 이 프로그램을 깔고 크롬을 이용해 넷플릭스에 접속하면 한중 이중 자막을 설정할 수도 있고, 특정 자막을 클릭해 해당 대사가 나오는 장면으로 이동할 수도 있다. 유튜브의 타임태그 기능과 비슷해 굉장히 유용하다. 그러나 드라마에 끝내주게 몰입하는 게 주된 목표가 아니라면, 스크립트의 도움 없이 영상 속 대사가 무슨 뜻일지 상상하고 맞취가는 재미를 붙여보는 건 어떨까? 들으려고 노력하는 자, 반드시 들릴 것이다!

세 번째 조건,
어른처럼 말할 것

유아는 단어만으로도 의사소통이 가능하다. "나 이거!" 하면 이걸 달라는 말이고, "아이스크림! 초코!" 하면 초코맛 아이스크림을 먹겠다는 뜻이다. 그렇지만 이러한 화법을 구사하는 성인은 없으리라 생각한다. 친구가 갑자기 "나 이거!" 하면 "이거 뭐?" 소리가 절로 나오지 않을까?

　MBC 예능 프로그램 〈라디오스타〉에서 코미디언 박나래가 일본어로 자기소개 하는 걸 듣고 동료 양세형이 깐족거리며 놀렸다는 이야기가 나왔다. 한번은 박나래가 서툴지만 열심히 "어… 와… 와따시와… 뭐… 박나래데스… 도도조요로시꾸… 오네가 이시마스….'라고 일본어로 자기소개를 했고 옆에서 듣고 있던 다른 동료 장도연은 '나래 선배 일본어 잘하네!'라고 생각했다고 한다. 반면 양세형은 일본인의 입장에서는 "아아… 아… 안녕하세요… 저… 저저는… 바… 바…박나래입니다아…." 이런 식으로 들렸을 텐데, 너무 웃기지 않겠냐고 말했다. 아니나 다를까 양세형이 박나래의 자기소개를 한국어로 흉내 내자 모든 MC들이 폭소를 터뜨렸다.

모국어가 아니니 말이 유창하지 않을 수는 있다. 그러나 공부를 시작한 지 2년이 지나고 3년이 지났는데도 언제까지나 아이처럼 말하는 수준에 머물러 있을 순 없지 않은가? 3년 정도 배우면 중국어 말하기 실력이 자연스럽게 길러지지 않겠냐고 되물을 수 있지만, 10년 넘게 배운 영어도 막상 유창하게 말하기가 얼마나 어려운지 떠올려보아야 한다.

본론으로 돌아와 유아의 화법을 벗어나 성인의 언어를 구사하고 싶다면 반드시 해야 하는 연습이 있다. 표현을 단어가 아닌 문장 단위로 받아들이는 연습이다. 언어를 배울 때는 문장을 의미별, 단어별로 분리할 줄 알아야 하고, 이와 동시에 문장 자체를 하나의 덩어리처럼 생각할 수도 있어야 한다. 초보자들이 단기간에 많은 표현을 외우고자 할 때는 '패턴 학습'이 효과적이다. 패턴 학습이란 문장 전체를 익힌 뒤 그중 일부 단어만 교체하며 학습하는 방식이다. 예를 들어 '나는 <u>사과</u>를 좋아해'라는 문장을 배우고 나서, 밑줄 부분에 다양한 과일 이름을 넣어가며 '나는 <u>바나나</u>를 좋아해' '나는 <u>망고</u>를 좋아해' 등의 표현을 함께 알아가는 효율적인 학습 방법이다.

그러나 패턴 학습이 문장의 일부를 쪼개서 교체하는 방식의 학습이다 보니, 자칫 학습자가 패턴을 '하나의 문장'이 아닌 '여러 개의 단어'로 인식하고 외우게 될 우려도 있다. 패턴 학습은 단어가 아니라 문장을 외우겠다는 생각으로 접근해야 한다. '나는 사과를 좋아해'라는 문장 하나를 외운 뒤 '바나나' '망고'라는 두 단어를 추가로 외운다고 생각하지 말자. '나는 사과를 좋아해' '나는 바나나를 좋아해' '나는 망고를 좋아해' 이렇게 총 세 문장을 익히겠다는 마음가짐으로 공부해야 한다. 그러지 않으면 "무슨 과일 좋아하세요?"라는 질문에 결국 "바나나."라는 단순한 답변만 하게 될 것이 뻔하다. 2장 뒷부분에서 일상생활에서 자주 쓰는 패턴을 함께 배워볼 텐데 그때도 마찬가지로 이 점을 꼭 기억해두자.

기본 발음부터
따라 해보기

한글이 자음과 모음으로 이루어져 있듯, 중국어 발음은 성모와 운모 그리고 성조로 이루어져 있다. 성모는 자음, 운모는 모음, 성조는 음의 높낮이를 뜻한다.

먼저 다음 대화를 보고 6개의 기본 운모 발음을 유추해보자.

A: 저기 a줌마 a저씨들이 왜 공원 한복판에서 춤추고 계신 걸까? 춤 동작도 쉬o 보이는데, 나도 가서 배o보고 싶다!

B: 아, 저건 광장무야. 동네 i웃 간 친목 도모 겸 운동이지.

A: 그런데 노래 소음이나 통행 방해 때문에 갈등이 생기는 경u도 많겠어.

B: 맞아. 그래서 중국에선 광장무를 추는 시간이나 장소, 음악 크기를 단속하기도 한대.

A: 가ü바ü보에서 진 사람이 슬쩍 합류해서 추는 걸로 하자!

정답은 다음과 같다.

아 a	입을 크게 벌리고 우리말의 '아'처럼 발음한다.
오어 o	입술에 살짝 힘을 줘 오므렸다가 힘을 풀며 우리말의 '오~어'처럼 발음한다.
으어 e	앞니를 살짝 드러내며 우리말의 '으어'처럼 발음한다. 앞의 '으'는 약하게 발음한다.
이 i	입을 양옆으로 벌려 우리말의 '이'처럼 발음한다.
우 u	입술을 동그랗게 말아 우리말의 '우'처럼 발음한다.
위 ü	입술을 동그랗게 오므린 상태에서 우리말의 '위'처럼 발음한다. 이때 입술 모양은 움직이지 않는다!

a, o, e, i, u, ü 이 6개가 기본 운모다. 기본 운모들끼리 결합해 복운모가 되기도 하고 n, ng가 붙어 콧소리 나는 비운모를 만들기도 한다. 아래 운모를 한글 발음을 따라 천천히 읽어보자. 참고로 발음 무료 강의는 유튜브 채널 '서튜디오'에서 시청할 수 있다.

아이 ai	에이 ei	아오 ao	오우 ou
이아 ia (ya)	이에 ie (ye)	이아오 iao (yao)	이어우 iou (you)
우아 ua (wa)	우어 uo (wo)	우아이 uai (wai)	우에이 uei (wei)	위에 üe (yue)
안 an	이엔 ian (yan)	완 uan (wan)	위엔 üan (yuan)
언 en	인 in (yin)	원 uen (wen)	윈 ün (yun)
앙 ang	이앙 iang (yang)	왕 uang (wang)	엉 eng
잉 ing (ying)	웡 ueng (weng)	옹 ong	이옹 iong (yong)
얼 er			

* 성모 없이 단독으로 쓰일 때는 괄호처럼 표기한다.

발음
듣기

뻔하지만 그래도 시작이 반이다

우리가 모음 '아야어여오요우유으이'를 순서대로 외우는 것처럼 중국어의 운모를 달달 암기할 필요는 없다. 우리는 중국어의 한어병음을 정확히 읽고 쓸 줄만 알면 된다. 새로운 단어를 배울 때 한어병음으로 표기해두면 발음을 정확하게 기억할 수 있고, 반대로 발음은 알지만 한자를 모르는 단어가 있다면 일단 병음으로 표기해두고 나중에 한자를 찾을 수도 있다. 그러니 암기에 대한 부담은 내려두고 가벼운 마음으로 익히면 된다.

다음으로 살펴볼 것은 우리말 자음에 해당하는 '성모'다. 마찬가지로 아래 대화를 보면서 각 성모의 발음을 유추해보자.

A: 벌써 오후 일곱 xi네. 저녁 먹으러 가자!

B: zhi거운 저녁 시간~ 나 데이te 무제한으로 로밍했어. 맛집 애플리케이션으로 근처 식당 검색해보자!

(식당에 도착해서)

A: 나는 유산shi 덮밥 먹을래, ne는?

B: 난 더우니까 냉면! 단무ji 왕창 추가하자!

A: 악! 뭐야! 더워 죽겠는데 물이 왜 이렇게 뜨ge워?

B: 중국 사람들은 한여름에도 따뜻한 차 마xi는 걸 좋아해. xi원한 물은 따로 주문하자.

A: 건강 때문에 일부le 찬 걸 피하나 보다.

B: 응. 차가운 건 배탈 나기 쉽고 몸에도 좋지 않으니까. 참, 그런데 정수기 물이 아닌 생수병에 담긴 물은 돈을 따로 받는 경우도 있으니 잘 확인해.

A: 헐, 물도 돈을 받아? 정말 qi사하네.

정답은 다음과 같다.

입술소리

두 입술을 붙였다 떼면서 내는 소리.

뽀어 b(o)	포어 p(o)	모어 m(o)

이입술소리

윗니를 아랫입술에 붙였다 떼며 내는 소리.

포어 f(o)

혀끝소리

혀끝을 윗니 뒤쪽에 댔다가 떼며 내는 소리.

뜨어 d(e)	트어 t(e)	느어 n(e)	르어 l(e)

혀뿌리소리

혀뿌리로 목구멍을 막았다가 떼며 내는 소리.

끄어 g(e)	크어 k(e)	흐어 h(e)

혓바닥소리

혀 앞부분을 입천장 앞쪽에 붙였다 떼면서 내는 소리.

찌 j(i)	치 q(i)	시 x(i)

이 뒤 혀끝소리

혀끝을 윗니의 뒷면에 붙였다 떼면서 내는 소리. 이때 i는 [이]
가 아닌 [으]로 발음한다.

쯔 z(i)	츠 c(i)	쓰 s(i)

혀끝 말아 올린 소리

혀를 살짝 말아 올려 내는 소리. 혀의 긴장도와 위치를 조금씩 바꾸며 다른 소리를 낸다. 이때 i는 [이]가 아닌 [의]로 발음한다.

쯔 zh(i)	츠 ch(i)	스 sh(i)	르 r(i)

발음
듣기

중국인들은 왜 항상 싸우는 걸까?
성조의 비밀

마지막으로 음의 높낮이를 나타내는 성조에 대해 알아보자. TV에서 연예인들이 종종 '짝퉁 중국어'를 흉내 내는 모습을 볼 수 있는데 우리가 그걸 듣고 '중국어 같다'고 느끼는 건 바로 중국어의 음을 잘 따라 했기 때문이다. 중국어가 때론 노래처럼 들리고, 또 때론 싸우는 것처럼 들리는 이유도 모두 성조 때문이다.

한국 사람들에게 성조는 생소한 개념이기 때문에 처음 배우면 누구나 헷갈려 하지만 3개월 정도 꾸준히 회화 공부를 하다 보면 자연스럽게 입에 익기 때문에 시작부터 걱정할 필요는 없다.

제1성	제2성	제3성	제4성
mā	má	mǎ	mà
가장 높은 음이다. 같은 힘을 처음부터 끝까지 유지하면서 낸다. 치과에서 "아ー 하세요."라고 할 때 "아ー"와 비슷하다.	중간 음에서 높은 음으로 올린다. 어린아이들이 "왜?"라고 물을 때와 느낌이 비슷하다.	낮은 음에서 가장 낮은 음까지 내려갔다가 살짝 올린다. 중간에 성대가 눌리는 느낌이 들어야 한다. 뭔가를 깨닫고 "아~ 그렇구나!"라고 할 때 "아~"와 비슷하다.	가장 높은 음에서 가장 낮은 음으로 내리찍듯이 발음한다. 누구에게 맞았을 때 내는 "아!" 소리와 비슷하다.

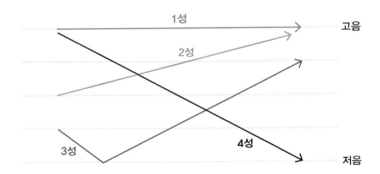

하나만 알아도 열을 말하는
패턴 중국어

중국어 문장은 기본적으로 '주어-술어-목적어' 순서로 이루어져 있다. '나는 너를 사랑한다'는 고백을 중국어로 하면 '나는-사랑한다-너를' 순서가 된다. 이 부분은 영어의 문장 구조와 비슷하다. 그럼 중국어 문장 구조에 익숙해질 수 있도록 간단한 패턴을 함께 배워보자.

1. "저는 **이대한입니다.**"

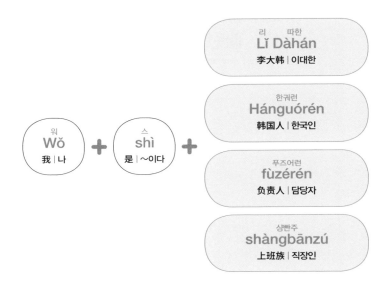

'워 스(我是[wǒ shì])'는 '나는 ~이다'라는 뜻으로 자기소개에 필수적인 구문이다. 영어의 'I am'을 떠올리면 이해가 쉽다. '워 스' 뒤에 이름, 국적, 직위, 직책 등 자신을 나타낼 수 있는 명사 단어를 자유롭게 넣어 말할 수 있다.

2. "저는 얼음물 주세요."

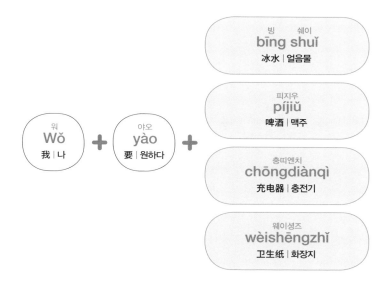

    중국 식당에 가면 계절을 불문하고 따뜻한 물부터 내온다. 무더운 여름에 시원한 물을 마시고 싶다면 꼭 알아둬야 할 문장이다. '야오(要[yào])'는 '원하다, 필요하다'라는 뜻으로 요구사항이 있거나 주문하고 싶을 때 쓴다. 참고로 '웨이셩즈'는 보통 두루마리 화장지를 의미하며 냅킨은 '찬찐즈(餐巾纸[cānjīnzhǐ])'라고 한다.

3. "당신 한국 드라마 좋아하세요?"

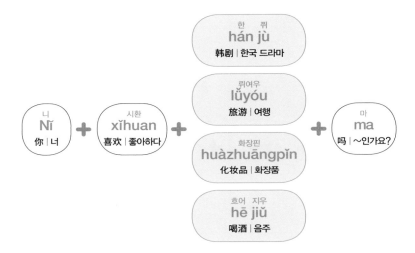

중국어의 장점은 의문문을 배울 때 드러난다. 문장 끝에 '마(吗 [ma])'를 붙이면 대개 질문이 된다. "이건 물이야."라는 문장 끝에 '마'만 붙이면 "이거 물이니?" 하는 의문문이 되는 식이다.

'시환(喜欢[xǐhuan])'은 '좋아하다'라는 뜻의 동사로 '시환' 뒤에 무엇을 좋아하는지 목적어를 붙이면 된다. 참고로 목적어 부분에 명사를 붙여 '무엇을 좋아하는지' 나타낼 수도, 동사를 붙여 '무엇을 하는 걸 좋아하는지' 나타낼 수도 있다.

4. "정말 예뻐요."

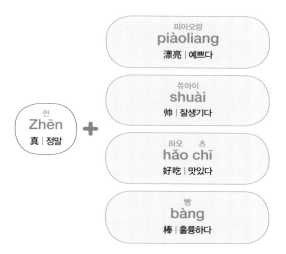

주어가 생략된 감탄문이다. '쩐(真[zhēn])'은 '참으로, 정말로'라는 뜻을 가진 부사다. 알 만한 사람은 알겠지만 소주 브랜드 진로 이름에 사용되는 '진' 자이기도 하다.

감탄 표현만 잘 알아둬도 여러 상황에서 유용하게 쓸 수 있다. 각 문장의 억양이나 뉘앙스는 유튜브 영상을 참고하도록 하자.

발음
듣기

중국어로 랩을 하면
성조는 어떡하죠?

A   Mnet 힙합 경연 프로그램 〈Show Me The Money〉(이하 쇼
미더머니)는 매 시즌 선풍적인 인기를 끈다. 프로그램이 성공을
거두자 중국에서 한국 프로그램 포맷을 그대로 베낀 '짝퉁 쇼미
더머니', 〈더랩오브차이나(中国新说唱)〉를 제작하기에 이른다. 많
은 이들이 알다시피 중국에서 한국 예능을 카피한 이력은 이번이
처음이 아니다. 중국 시청자마저 '부끄러운 줄 알아야 한다'며 제
작진을 향해 비난의 목소리를 내는데도 개선의 의지가 보이지 않
는 듯하다. 〈더랩오브차이나〉는 우리나라에서도 여러 의미로 큰
화제가 되었다.

　이때 중국어를 한 번이라도 배워본 사람은 중국 래퍼가 랩을
할 때 성조는 어떻게 처리하는지 궁금할 것이다. 랩을 노래 장르
중 하나라고 생각하면 쉽게 답이 나온다. 노래는 멜로디가 있기

때문에 성조를 붙일 수 없다. 따라서 중국어 랩에도 성조가 붙지 않는다. 그럼 자연스럽게 다음과 같은 의문이 생긴다. 노래나 랩에 성조가 붙지 않아도 과연 가사를 알아들을 수 있는 걸까? 만일 그렇다면 우리가 굳이 성조를 지켜서 말해야 하는 이유가 없지 않을까? 어차피 성조를 지켜 말하지 않아도 의사소통에 문제가 없으니 말이다.

우선 성조를 지켜 말해야 하는 이유부터 이야기해보자. 성조는 우리나라 경상도 사투리와 닮은 점이 있다.

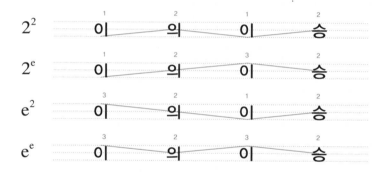

위 4개의 수식은 경상도 사람들만 구분해서 읽을 수 있다는 이야기를 들어봤을 것이다. 서울 사람은 이 모두를 구분 없이 발음하는데, 경상도 사투리에서는 숫자 2와 알파벳 e 발음을 강세 또

는 음의 높낮이로 구분할 수 있다는 것이다.

　이와 비슷하게 '가가가가'라는 말을 경상도 사람들은 사투리 억양에 따라 '그 아이가 (그때) 그 아이니' '그 아이가 (어딘가로) 가서' '그 아이가 가져간 다음에' 등 여러 뜻으로 해석할 수 있다고 한다. '가'라는 같은 발음이 연속으로 나와도 음의 높낮이에 따라 의미를 구분할 수 있다는 것이다.

　중국어의 성조도 마찬가지 역할을 한다. 한자 이야기를 하며 언급했던 부분이다. 같은 '바바(baba)' 발음도 첫 음을 제4성으로 발음하면 아빠(爸爸[bàba])라는 뜻이 되고, 첫 음을 제3성으로 발음하면 똥(屄屄[bǎba])이라는 뜻이 된다. 제1성을 붙이면 粑粑[bābā]라는 떡을 의미하는 단어가 된다.

　"나는 떡을 좋아해."라는 말을 실수로 성조를 다르게 말한다면 "나는 아빠를 좋아해." 심지어는 "나는 똥을 좋아해."라는 말로 오역될 여지가 있으니 정확한 의사 전달을 위해 성조를 지켜주는 것이 중요하다. 그러나 대화에는 보통 맥락이란 게 있어서 앞뒤 상황이 명확하다면 부분적으로 발음이 조금 틀려도 눈치껏 알아들을 수 있다.

　나와 친한 경상도 출신 대학 동기는 "맞나"라는 말을 입에 달고 산다. 나는 어릴 때부터 줄곧 중국에서 생활했기에 더욱이 사투리와 친하지 않은데, 그럼에도 "맞나"라는 말이 "이게 맞아?"라는 의문문으로 쓰인 건지 아니면 그저 가벼운 추임새였는지 쉽게 구분할 수 있다.

노래나 랩의 가사도 마찬가지다. 문장 전체를 들으면 성조가 없더라도 대부분의 의미를 이해할 수 있다. 단 랩은 라임을 맞추기 위해 소리가 비슷한 단어를 끼워 맞추다 보니 해석이 어색하거나 가사가 뜬금없는 방향으로 전개되기도 한다. 청해(듣기)의 난이도가 최상급인 것은 확실하다.

중화요리 이름에
담긴 비밀

앞서 음식 이름에 자주 사용되는 한자 몇 가지만 알면, 그 이름만 보고도 어떤 음식인지 대략 알 수 있다는 이야기를 했다. 우리가 흔히 '중국집'이라 부르는 중화요리 식당에서 만나볼 수 있는 음식, 그러나 왠지 모르게 낯선 요리들과 친해지는 시간을 가져보고자 한다. 중화요리 이름에 담긴 비밀을 알면 이제 중국집에서 짜장면, 짬뽕 외에도 새로운 시도를 해볼 수 있지 않을까?

우선 중화요리에 자주 사용되는 재료인 닭고기와 돼지고기를 어떻게 표현하는지 알아두면 좋다. 닭을 나타내는 한자인 '鷄'는 표준 중국어로는 '지(鸡[jī])'라고 발음한다. 하지만 한국에 건너온 초기 화교들의 대다수가 산둥 지역 출신이었고, 이 지역 방언으로 '지' 발음을 '기'라고 했다. 따라서 중화요리 이름에 '기' 자가 들어가는 건 모두 '닭고기'를 주재료로 썼다고 보면 된다. 또한

소(牛), 닭(鸡) 등 구체적 언급 없이 고기 '육(肉)' 자만 들어간다면 '돼지고기'로 만든 음식을 뜻한다.

1. 라조기/라조육

중국 음식점에서 흔히 볼 수 있는 한국식 중화요리다. '라'는 앞서 마라탕에서 공부했던 '라' 자와 같은 글자다. '라조(辣椒)', 즉 '매운 고추'라는 뜻으로 고추를 넣어 볶은 요리를 뜻한다. '라조기(辣椒鸡)'는 매운 고추를 넣어 볶은 닭고기 요리, '라조육(辣椒肉)' 역시 매운 고추를 사용한 돼지고기 요리다.

2. 깐풍기/깐풍새우

앞서 '깐뻬이(건배)'라는 단어를 배우며 언급했던 '깐(干)' 자를 다시 떠올려보자. '깐'은 '건조하다, 마르다'라는 뜻을 가진 한자라고 했다. 따라서 '깐풍(干烹)'은 물기 없이 튀긴, 즉 바삭하게 튀긴 요리 방식을 뜻한다. 다른 중식 요리처럼 소스가 흥건하지 않아 건조한 느낌의 요리다. 마찬가지로 깐풍 뒤에 '기' 자를 붙인 깐

풍기는 바삭하게 튀겨낸 닭 요리, 깐풍새우는 바삭하게 튀긴 새
우 요리를 칭한다.

3. 유산슬

유산슬의 유(溜)는 '녹말을 끼얹어 걸쭉하게 만드는 요리법'을 뜻
한다. 산(三)은 '세 가지 재료', 슬(絲)은 '가늘게 썰다'라는 뜻이다.
따라서 유산슬의 이름을 그대로 풀어보면, '세 가지 주 재료와 각
종 재료를 가늘게 썰어서 볶은 뒤 녹말을 끼얹어 걸쭉하게 만든
음식'이라는 것을 알 수 있다. 여기서 세 가지 주 재료는 요리사
의 마음에 따라 자유롭게 바꿀 수 있다.

3장

중국어 공부
그거 이렇게 하는 건데

문화를 공부하면
중국어가 보인다

중국인은
시끄럽고 호탕하다?

중국인의 이미지가 어떤지 물으면 열에 아홉은 '시끄러움'과 '호탕함'을 꼽는다. 표면적으로 봤을 때 비슷한 결의 단어 같지만 하나는 소리를, 또 하나는 성향을 나타낸다. 실은 우리가 이러한 편견을 갖게 된 데는 언어학적인 이유가 숨어 있다. 모든 중국인이 호탕하다거나 기차 화통 삶아 먹은 듯 우렁차다고 일반화하긴 어렵다. 중국인 중에서도 소심한 성격이거나 작은 소리로 나긋나긋하게 말하는 사람도 분명 있을 것이다. 그러나 이상하게 우리가 기억하는 중국인은 항상 목소리가 크고, 가끔 대화하는 걸 듣고 있으면 꼭 저들끼리 싸우는 것만 같다.

우선은 교육 방식의 차이에서 비롯된 것이리라 생각한다. 나는 중국에서 초등학교부터 고등학교까지 다니며 '조용히 해야 한다'는 걸 제대로 배워본 기억이 없다. 중학교 도덕 수업 시간에 교과서에 밑줄 그어가며 암기한 몇 줄이 공중도덕에 대한 배움의 전부였다. 요즘 젊은 사람들이야 워낙 타국 문화를 쉽게 접할 수 있다 보니 소위 '에티켓'을 지키려고 하나, 나이가 있는 사람들은 그런 것을 알기 어렵다.

일본인은 한국인이 버스나 지하철에서 전화받는 걸 무례하다 생각한다고 한다. 그와 비슷한 의미로 우리 입장에서는 조용히 해야 할 곳에서 중국인들이 침묵의 금기를 깨뜨리곤 하니 좋은 말로 순화해 '목소리가 참 크다'고 하는 것이다.

게다가 성조의 영향도 무시할 수 없다. 앞서 간단히 살펴봤듯 중국어에는 의미 구별을 위해 성조가 존재한다. 그중 제4성은 높은 음에서 낮은 음으로 내리찍는 소리로, 세고 앙칼진 느낌을 준다. 중국인들의 대화가 마치 싸우는 것처럼 들리는 이유가 바로 여기에 있다. 강한 느낌을 주는 4성이 많이 들어간 문장을 의미를 모르고 들으면 정말 화난 것처럼 들리기도 한다.

앞서 중국어 문법이 '주어-술어-목적어' 순서로 이루어져 있다고 하며 "나는 너를 사랑한다."라는 문장을 예로 들었다. 짝사랑하는 상대에게 사랑 고백을 할지 말지 망설이는 두 사람이 있다고 가정해보자. 한 명은 한국인, 한 명은 중국인이다. 한국인은 "나는 너를⋯"까지 말하다 심호흡을 한 번 할 수 있다. 심지어 하려던 고백을 삼키고 다른 이야기로 넘어갈 수도 있다. 아직 술어를 말하지 않았으니 너를 사랑하는지, 미워하는지, 존경하는지 듣는 사람으로선 발화 의도를 눈치 채기 힘든 것이다. '한국말은 끝까지 들어봐야 안다'는 말도 이런 이유 때문이다.

반면 중국인의 고백은 문장 구조에 의해 "나는 사랑해⋯"까지만 말해도 이미 본론이 튀어나온 셈이다. 이미 핵심이 되는 술어 '사랑한다'는 말을 했으니, 사랑하는 대상이 누구인지 또는 무엇인지는 뒤에 가볍게 덧붙여주기만 하면 된다. 그러니 중국인의 화법이 시원시원하게 느껴질 수밖에 없다. 본론부터 짚어주기 때문이다. 그런 의미에서 중국인이 호탕한 이미지로 그려지는 건 아닐까?

여러 색깔에
담긴 의미

빨간색은 중국을 대표하는 색깔이다. 중국 관련 행사장이나 중국 음식점만 가봐도 곳곳을 물들이고 있는 붉은빛 장식들을 쉽게 찾아볼 수 있다. 이쯤 하면 중국이 왜 빨간색에 집착 수준의 사랑을 보이는 것인지 궁금해진다.

빨간색은 전통적으로 태양, 불 그리고 피를 상징한다. 태양은 식물의 성장을 촉진하고 불은 야생동물을 쫓아낼 수 있다. 또한 피가 흐른다는 건 살아 있다는 증거다. 따라서 자연과 생명에 대한 존경심이 붉은 색상을 숭배하는 형태로 나타난 것이다.

빨간색을 선호하는 문화가 정착되자 빨강은 이내 신분 높은 귀족을 상징하는 색이 되었다. 한나라의 제1대 황제 유방은 자신을 '적색황제의 아들(赤帝之子)'이라 칭하며 의상뿐만 아니라 궁전 기둥 인테리어까지도 붉은색으로 바꾸었다고 한다. 중국인의 빨간색 사랑은 아주 오랜 역사를 갖고 있다는 사실을 보여준다.

빨간색은 오늘날에 와서는 경사와 기쁨을 상징한다. 설날이나 결혼식처럼 즐겁고 경사스러운 날 빨간색 옷을 입다 보니 '빨간색' 하면 '경사'가 연관되어버린 것이다. '훙바오(红包[hóng bāo])'는 한자의 의미대로라면 '빨간 가방' 또는 '빨간 봉투'라는 뜻이다. 세뱃돈을 빨간 봉투에 넣어주던 문화 때문에 생겨난 단어로 월급 보너스, 용돈 등을 의미한다.

'저우훙(走红[zǒu hóng])'은 '빨간색을 걷는다'는 뜻이다. 말인 즉슨 '인기를 얻는다'는 의미다. 요즘 잘나가는 연예인을 칭할 때 '그가 빨간색을 걷는다'고 표현해 인기가 날로 상승하고 있음을 나타낸다. 우리가 평소 쓰는 '핫하다'는 표현과 비슷하다.

같은 맥락에서 유명한 사람을 홍인, 중국어로 '훙런(红人[hóng rén])'이라 일컫는다. 그중 '왕훙'은 온라인을 뜻하는 왕(网[wǎng]) 자와 붉을 홍(红[hóng]) 자가 결합되어 만들어진 파생어인데, 말 그대로 온라인에서 인기 있는 인플루언서를 뜻한다. 요즘 우리나라에서도 중국 왕훙의 영향력을 활용한 마케팅 방식이 주목받고 있기 때문에 아마 단어 자체는 낯설지 않을 것이다.

반면 검정색은 부정적인 의미를 담고 있다. 보통은 불법적인 것을 나타낼 때 쓰인다. 조직폭력배는 흑사회(黑社会[hēi shèhuì])라고 한다. 사회의 어두운 면이라고 생각하는 것이다. 중국 포털 사이트에서는 '흑사회'를 '불법적인 이익을 취하는 범죄 집단'이

중국어 공부 그거 이렇게 하는 건데

라 풀이한다. 이처럼 검은색이 법의 테두리를 벗어나는 무언가를 상징한다는 걸 알 수 있다.

중국은 '한 자녀 정책'이라고도 불리는 산아제한정책을 시행했었다. 인구수의 급격한 증가로 식량난과 같은 사회문제가 대두되자 한 가구당 한 명의 자녀만 낳을 수 있도록 하는 정책을 시행한 것이다. 두 명 이상의 자녀를 낳은 가정에 벌금을 부과하고 복지 혜택을 제한하는 등 강제성을 띠었다. 따라서 많은 노동 인력이 필요한 농촌 등의 지역에서는 아이를 낳되 호적에는 등록하지 않는 일이 빈번하게 일어났고, 따라서 교육이나 의료 등의 복지 혜택과 법의 보호를 받지 못하는 아이들을 '검은 아이'라고 칭하게 되었다. 중국어로는 이들을 '헤이하이즈(黑孩子[hēi háizi])'라 부른다.

그 외에도 해커를 뜻하는 '헤이커(黑客[hēi kè])', 불법택시를 뜻하는 '헤이츠어(黑车[hēi chē])'등 '헤이(黑)' 자가 들어가는 단어는 불법적인 것과 관련 있을 가능성이 높다.

초록색은 중국에서 미천한 색깔로 여겨진다. 노란색과 파란색이 섞여 만들어진 간색(間色)이기 때문이다. 고대부터 빨간색, 파란색, 노란색, 흰색, 검은색 등 5색을 정색(正色)이라 칭해 높은 신분을 나타내는 데 사용했고 간색은 천박한 색깔로 취급했다. 죄지은 자들에게 녹색 두건을 씌워 모욕감을 주기도 했다. 이처럼 초록색에 대한 부정적인 이미지가 지금까지 이어져 오늘날에는 '초록색 모자를 쓰다'라는 뜻의 문장 '따이뤼마오즈(戴绿帽子[dài lǜ màozi])'가 배우자가 바람을 피웠다는 것을 나타내는 의미가 되었다. 따라서 중국에서 초록 모자를 쓰고 다니면 '내 연인이 바람났어요'라며 자랑하고 다니는 꼴이 될 수 있다.

노란색도 재미있는 뜻을 갖고 있다. 우리나라에서 '빨간 딱지' '빨간 비디오'처럼 성인물 또는 음란물을 나타낼 때 빨간색이 쓰인다면, 중국에서는 노란색이 그 역할을 한다. 특이하게도 이는 '옐로저널리즘'에서 파생된 의미다. 옐로저널리즘은 과거 미국 신문기자들끼리 독자의 이목을 사기 위해 선정적이고 자극적인 내용을 앞다퉈 보도하는 상황을 두고 만들어진 용어다. 요즘 말로 하면 '어그로성 기사'쯤 되겠다. 옐로저널리즘이 중국인에게 깊은 인상을 남겨주었는지 노란색에 선정적인 이미지가 덧입혀졌고, 지금까지도 '야한 것'이나 '19금 콘텐츠' 등을 표현할 때 노란색(黄色)이 쓰인다. 예를 들어 포르노를 黄片[huángpiàn], 성인영화를 黄色电影[huángsè diànyǐng]이라고 한다.

그러니 중국에서 무슨 색깔을 좋아하느냐는 질문에 노란색이라 답하는 건 그리 좋은 생각이 아니다. "我喜欢黄色"는 "저는 노란색을 좋아해요."라는 말이면서도 "저는 야한 걸 좋아해요."라는 중의적인 뜻을 갖고 있기 때문이다.

중국인들에게
얼굴의 중요성이란?

중국인들이 체면을 중요시한다는 건 이미 널리 알려진 사실이다. 중국 암흑가 청방의 두목 두월생도 자기 생에 가장 먹기 힘든 면 중 하나가 '체면'이라고 했다. 흑사회의 두목조차도 체면 관리에 애를 먹은 듯하다.

국어사전에서는 체면을 '남을 대하기에 떳떳한 도리나 얼굴'이라 정의한다. 체면이란 즉 한 사람의 얼굴이며, 중국인들은 이 얼굴을 몹시 중요하게 생각한다는 것이다. 따라서 얼굴이라는 단어만 알아둬도 체면과 관련된 많은 표현을 익힐 수 있다.

우선 체면을 뜻하는 '미엔즈(面子[miànzi])'라는 단어를 살펴보면 이 역시 얼굴 면(面) 자를 사용하고 있다. 체면치레를 중시한다는 말을 중국어로 '아이 미엔즈(爱面子[ài miànzi])'라고 한다. 직역하면 얼굴을 사랑한다는 의미다. 반대로 '체면이 서지 않는다'는 '메이 미엔즈(没面子[méi miànzi])'라고 하는데 글자 그대로 해석하면 '얼굴이 없다'는 뜻이다. 예를 들어 "나 진짜 쪽팔려 죽는 줄 알았어!"를 중국식으로 표현하자면 "나는 정말이지 얼굴이 없어(我真是没面子)!" 정도가 되겠다. 한편 다른 사람의 체면을 살려주는 행위는 '얼굴을 준다'고 표현한다. "나 체면 좀 세워줘." "이번만 좀 봐줘." 같은 말을 "내게 얼굴을 좀 줘(给我点面子)."라고 하는 것이다.

체면을 표현하는 또 다른 단어는 '리엔(脸[liǎn])'이다. 미엔즈가 체면이라는 추상적인 개념이라면 리엔은 물리적인 '얼굴'을 가리킨다. '세안하다' '안색이 안 좋다' 등에 들어가는 '안' 자가 바로 '리엔'이다. '창피하다' 혹은 '망신당하다'라는 의미로 '띠우리엔(丢脸[diūliǎn])'이라는 표현을 쓰는데 이는 직역하면 얼굴을 잃어버렸다는 의미다. 위에서 봤던 '쪽팔려 죽겠다'는 표현을 또 다른 문장으로는 "정말이지 얼굴을 잃어버렸어(我真丢脸)!"라고 할 수 있는 것이다.

우리나라에서 뻔뻔한 사람을 '철면피'라고 부른다. 중국에서도 이와 비슷하게 '두꺼운 얼굴 가죽(을 가진 사람)'이라는 뜻의 '호우리엔피(厚脸皮[hòu liǎnpí])'라는 말이 있다. 그러니까 "걔는 뻔뻔한 애야."를 중국어로 말할 때 "그는 얼굴 가죽이 두꺼워."라고 하면 된다. "他脸皮厚" "他是厚脸皮" 모두 가능하다.

어차피 실생활에서 쓰이는 말은 어느 정도 정해져 있고 우리는 상황에 맞는 적절한 표현을 잘 꺼내 쓰면 된다. 그 정도만 해도 중국어 잘한다는 말을 들을 수 있다. 그렇다면 중국어 공부도 '가성비' 좋게 접근해보자. 중국의 문화를 알면 그들이 좋아하는 것, 중요하게 생각하는 것 또는 기피하는 것을 알 수 있다. 우리가 색깔을 주제로 여러 표현들을 배울 수 있었던 것처럼, 한 가지 테마의 문화 지식만 알아도 현지에서 많이 쓰이는 각종 표현을 단번에 익힐 수 있다. 투자하는 시간 대비 효율이 높은 공부법인 셈이다.
문화와 언어는 서로 밀접하게 상호작용하기 때문에 언어를 배우며 문화를 익힐 수도 있지만, 문화를 알아가며 언어를 배운다면 공부의 재미가 배로 느껴질 것이다.

자투리 시간만 잘 써도
말문이 트인다

요즘 나는 골프를 조금씩 배우고 있다. 골프 레슨이 끝나면 프로 님으로부터 '연습 틈틈이 하라'는 말을 수없이 듣는데 그게 말처럼 쉽지가 않다. 우선 골프 연습을 하려면 인도어 연습장이 되었든, 스크린 골프장이 되었든 타석이 마련된 장소로 이동해야 한다. 게다가 제대로 연습하려면 본인 손에 익숙한 골프 클럽도 갖고 가야 한다. 그런데 그 무거운 골프 가방을 이고 지고 연습장에 가도 운이 나쁘면 자리가 없어 마냥 기다려야 할 수도 있다. 모쪼록 연습 한 번 하려면 신경 써야 할 부분이 여간 많은 게 아니다.

그런 점에서 언어 공부는 참 쉽고 간편하다. 의지만 있으면 언제 어디서든 짬짬이 단어를 외우거나 영상을 보며 공부할 수 있다. 스마트폰 외에 특별한 장비가 필요한 것도 아니다. 시간, 장소, 도구의 구애를 받지 않는다는 것만큼 좋은 조건이 또 있을까? 그런 의미에서 자투리 시간을 활용해 공부하기 좋은 콘텐츠를 소개해보고자 한다.

재미와 공부를 동시에 잡는
유튜브 채널

1. 〈진짜 중국어〉

파고다어학원에서 제작하는 교육 콘텐츠다. 중국어 표현부터 문법까지 다양한 콘텐츠를 다룬다. 쉽고 재미있는 설명은 물론이고, 한국인 성구현 선생님과 중국인 진준 선생님의 재치 있는 '티키타카'를 보고 있으면 시간 가는 줄 모를 정도다. 게다가 가끔 오프라인 특강도 열기 때문에 때를 잘 맞추면 현장 수업의 기회도 얻을 수 있다는 사실! 베테랑 강사님들의 즐거운 중국어 수업 영상을 찾아보고 싶다면 〈진짜 중국어〉 채널부터 구독하자.

2. 〈차이티〉

어학원 강사로 활동하셨던 차이티 선생님의 수준 높은 강의를 유튜브에서 무료로 수강할 수 있다. 특히 중국어 초보자를 위한 콘텐츠가 많다. 발음부터 문장 구조 설명까지, 초급 학습자들에게 꼭 필요한 내용을 친절하게 설명해준다. 학창시절, 젊은 대학생 선생님에게 과외받는 느낌이랄까? 소통왕 차이티 선생님의 개인 사이트도 있으니 충분히 활용해보자.

3. 〈쓰이는 중국어만 알고 싶다〉

일명 '쓰중알'이라고 불리는 중국어 학습 채널이다. 중국인 선생님과 한국인 선생님이 출연해 토크쇼 형식으로 진행되는 강의로, 실생활에서 잘 쓰이는 표현만 쏙쏙 뽑아 다루기 때문에 상당히 유용하다. '중국에서 난리 났던 설날 나이키 광고 분석' '진짜 중국인이 본 이수근 가짜 중국어 vs. 정상훈 가짜 중국어 발음 비교' '한국인 99%는 틀리게 말하는 중국어 표현' 등 콘텐츠 주제도 참신해서 꼭 중국어 공부에 목적을 두지 않더라도 영상을 보는 재미가 쏠쏠하다.

듣기 실력을 키우는
애플리케이션

1. 喜马拉雅(ximalaya)

'히말라야'라는 뜻을 가진 중국 팟캐스트 애플리케이션이다. 뉴스 브리핑, 도서 리딩, 유머 썰 풀기 등 다양한 주제의 음성 콘텐츠를 무료로 들을 수 있다. 앞에서 언급했던 간행물 〈두즈어(读者)〉를 읽어주는 콘텐츠도 있는데, 전문 성우가 아나운서 발음으로 또박또박 읽어주기 때문에 자기 전에 ASMR 삼아 틀어놓기에도 좋다. 다만 중국인들을 대상으로 만든 콘텐츠다 보니 난이도가 높고, 애플리케이션도 모두 중국어로 되어 있다. 따라서 중국어를 어느 정도 구사할 줄 아는 중상급 수준의 학습자들에게 적합하다.

2. 네이버 팟캐스트

네이버 팟캐스트에는 중국어 학습자를 위한 음성 콘텐츠가 가득하다. 개인적으로 그중 뉴스 브리핑 채널을 가장 좋아하는데, 중국의 최신 소식은 물론이고 고급 어휘까지 익힐 수 있기 때문이다. 대부분 길이도 15분 내외로 짤막해서 부담이 없다. 게다가 와이파이 환경에서 콘텐츠를 미리 다운받아놓고 데이터 걱정 없이 수시로 들을 수도 있다. 그뿐만 아니라 교재를 기반으로 하는 강의 음성도 있어 의지만 있다면 교재를 펴놓고 팟캐스트로 중국어 독학도 충분히 가능하다.

3. 클럽하우스

클럽하우스는 음성으로 대화하는 SNS 플랫폼이다. 음성 기반 오픈 채팅방이라고 생각하면 되겠다. 각 테마의 방에 들어가게 되면 '스피커'가 되어 대화에 참여할 수도, '리스너'로서 듣기만 할 수도 있다. 유명 연예인, 기업가, 정치인 등이 이곳에서 활동하면서 빠르게 인기를 얻게 된 애플리케이션이다. 중요한 것은 클럽하우스에 중국어 대화방도 개설되어 있다는 사실이다. 중국어 제목의 방이 보인다면 망설임 없이 들어가보자. 시시콜콜한 대화를 백색소음 삼아 틀어놓는 것만 해도 듣기 실력을 키울 수 있다. 중간중간 아는 단어가 들리거나 대화 내용이 이해된다면 더 큰 재미를 느낄 수 있을 것이다.

생활 속에서 익히는
자투리 학습법

그 외에 '포스트잇'을 활용한 학습법도 추천하고 싶다. 어린아이들이 단어 카드를 활용해 단어를 외우는 방법과 비슷한데, 집 안 이곳저곳에 포스트잇으로 해당 단어를 적어 붙여놓는 식이다. 예를 들어 거울 위에 〈jìngzi/镜子/거울〉이라고 적은 포스트잇을 붙여두고, 세수하거나 양치할 때마다 한 번씩 보는 것이다.

반복적으로 노출되어 단어가 자연스럽게 외워질 때쯤 포스트잇을 교체해준다. 이때는 거울과 관련 있는 동사 단어를 적어준다. 예를 들어 〈zhào/照/(거울에)비추다〉라고 적어놓는 식이다. 이렇게 명사 단어로 시작해 연상되는 동사, 형용사, 전치사 등으로 포스트잇을 교체해주면 생각보다 많은 단어를 생활 속에서 아주 자연스럽게 습득할 수 있다.

고전 시가로 배우는
있어 보이는 중국어

어느 정도 기초를 뗀 학습자가 중국어 수준을 한 단계 끌어올릴 수 있는 가장 빠른 방법은 중국 고전 시가를 외우는 것이다. 우리나라 사람들이 일상 대화에서 속담을 자주 인용하듯 중국인들도 고전 시가나 문장을 심심치 않게 인용한다. 고전 시가가 갖고 있는 역사적·문화적 가치를 높이 사기 때문이기도 하고, 자신의 지적 수준을 은근하게 드러낼 수 있기 때문이기도 하다.

중국 초등학교에서는 아침마다 아이들이 각자의 책상에 앉아 오늘 외워야 할 한시를 중얼거리는 진풍경이 펼쳐진다. 내가 다닌 초등학교에서는 아침 조회가 시작되면 담임선생님이 무작위로 지명을 했고, 운 나쁘게 걸렸다가 시를 제대로 외우지 못한 학생은 점심시간 전까지 일명 '깜지'를 제출해야 했다. 그뿐만이 아니다. 매 학기마다 전교생이 참여하는 한시 암송 대회가 열렸고, 교과서에도 적지 않은 한시가 수록되어 있으니, 중국인들에게 있어 고전 시가가 얼마나 중요한 문학이자 문화인지 자연스레 알 수 있었다.

중국 학생들이 초등학교 졸업 전 외우는 고문(古文) 작품만 해도 70편이 넘으며, 고등학교를 졸업할 때면 한시 300수 정도를 뗄 수 있다. 우리나라는 시를 배울 때 작품의 해석에 초점을 두는데, 중국은 해석은 물론이고 암송까지 할 줄 알아야 한다.

그럼에도 불구하고 한시 암기에 대해 불평하는 사람을 본 적이 없다. 오히려 시 외우기를 당연하게 생각하며, 많은 시를 외울 줄 안다는 것 자체로 자긍심을 느끼곤 한다. 그러니 소규모의 공공 행사는 물론이고 정치적·외교적 자리에 선 연사들이 중국 고전 시를 인용하는 모습을 쉽게 볼 수 있는 것이다. 심지어 시진핑 주석은 한시 애호가로 유명하다.

시진핑 주석은 한국에 방문했던 당시 "순풍에 돛을 단다(风好正扬帆)"라는 구절을 인용하며 한국과 중국의 순조로운 외교 관계가 이어지길 바란다는 마음을 표현하기도 했고, 박근혜 전 대통령이 중국을 방문했을 때 「등관작루(登鸛雀楼)」라는 한시의 서예 작품을 선물하기도 했다. 「등관작루」의 "천 리 멀리까지 보고 싶어 누각을 한 층 더 오른다(欲穷千里目, 更上一层楼)"라는 구절을 읊으며, 높은 곳으로 올라가야 먼 경치를 바라볼 수 있는 것처럼 두 국가가 더 발전적인 관계를 갖기 위해서는 노력이 필요하다는 뜻을 은유적으로 표현한 것이다.

또한 2010년 천안함 사건 발발 후 우리나라 정부는 이를 북한의 소행으로 추정하고 중국을 방문해 수사 협조를 요청했었는데, 중국 외교부 추이톈카이 부부장은 다음과 같은 글귀를 액자에 담아 선사해 큰 화제가 되었다.

천하에 크게 용기 있는 자는 갑자기 큰일을 당해도 놀라지 않으며, 까닭 없이 해를 당해도 화내지 않는다. 이는 그의 마음에 품은 바가 심히 크고 그 뜻이 심히 원대하기 때문이다.

天下有大勇者, 猝然临之而不惊, 无故加之而不怒, 此其所挟持者甚大, 而其志甚远也

소동파의 「유후론(留侯论)」 중 한 구절인데, 이는 중국 한나라 개국공신인 장량의 일화를 다룬 내용이다. 장량의 인내심에 감탄한 한 노인이 병법서를 건네주었고 이를 이용해 전쟁에 승리했다는 내용으로, 중요한 시기에 일시적 감정에 휘말리지 않고 인내할 것을 의미한다. 전문가는 중국이 천안함 사건을 두고 한국이 너무 감정적으로 대응하지 말고 침착할 것을 우회적으로 표현했다고 해석했다.

이러한 '한시 외교'는 중국 측에서만 시도하는 것이 아니다. 2009년 버락 오바마 미국 전 대통령은 미·중 전략경제대화 개막 연설에서 "산중에 난 좁은 길도 계속 다니면 곧 길이 되고, 다니지 않으면 곧 풀이 우거져 길이 막힌다(山径之蹊间 介然用之而成路 为间不用 则茅塞之矣)."라는 구절을 인용하며 양국이 원활하게 소통하고 우호적인 관계를 유지하기 위해서는 지속적으로 소통하고 협력해야 함을 나타냈다. 이는 맹자의 『진심(尽心)』 하편에 나오는 구절이다.

그리고 2017년 11월, 당시 미국 대통령이었던 도널드 트럼프의 손녀 아라벨라 쿠슈너는 영상을 통해 중국 어린이들이 필수로 외우는 한시 「삼자경(三字经)」 암송을 장기 자랑으로 선보임으로써 중국인의 마음을 녹인 바 있다.

일상에서 쓰기 좋은
상황별 한마디

이렇게 공식적인 자리에서나 일상생활 속에서나 빼놓을 수 없는 것이 고전 시가다. 일상에서 쓰기 좋은 고문 또는 속담을 상황별로 꼽아봤으니 외워두었다가 상황에 맞게 적절히 활용해보자.

1. 술자리에서 좋은 분위기를 만들고 싶을 때

감정이 깊으면 한 번에 들이키고 감정이 얕으면 핥기만 하세요.

Gǎnqíng shēn   yì kǒu mèn   Gǎnqíng qiǎn   tiǎn yì tiǎn
感情深, 一口闷。感情浅, 舔一舔。

'우리 감정의 깊이만큼 마시라'는 일종의 반 협박성 권유다. 사실 중국은 술을 거의 강권하지 않으며 잔을 부딪치더라도 눈치 보지 않고 각자 마실 만큼만 꺾어 마시는 문화다. 그러니 이 문장은 상대방도 술을 좋아한다는 전제하에 한번 써볼 만하다. 술자리 분위기가 무르익었을 때 이 멘트를 한 번 읊어주면 큰 호응을 이끌어낼 수 있을 것이다.

마음만 있다면 차도 술이 될 수 있죠.

Zhǐ yào xīnlǐ yǒu   cháshuǐ yě dāng jiǔ
只要心里有，茶水也当酒。

이 문장은 누군가가 술을 잘 마시지 못할 때 상대의 부담을 덜어줄 수 있는 말이다. 혹은 내가 술을 잘 못 마시는데 상대가 술을 자꾸 권한다면 이 문장을 사용해 정중하고 완곡하게 거절할 수 있다. 혹은 함께 술을 마실 수 있는 여건이 되지 않을 때 쓰기에도 좋다.

한 예로 차를 마시며 대화하는 상황에서 상대방이 '술을 대접했어야 했는데 저녁 약속이 있다'며 미안해한다면, 이 문장을 활용해 '우리처럼 마음 통하는 사람끼리는 차도 술처럼 마실 수 있지 않느냐'며 따뜻하게 말해주자. 상대의 언어를 이용해 상대를 배려해주는 것. 이런 사소함이야말로 사람의 마음을 얻는 길이자 언어가 지닌 힘이 아닐까?

술은 곡식으로 만든 정수라 마실수록 젊어져요.

Jiǔ shì liángshi jīng   yuè hē yuè niánqīng
酒是粮食精, 越喝越年轻。

이 한 마디로 술자리의 시작을 기분 좋게 열 수 있다. 특히 '정수'라고 해석된 '精[jīng]' 자는 '정제한' '훌륭한' '액기스' 등 온갖 좋은 의미를 다 담고 있다. 고량주나 맥주는 다양한 곡식으로 만들어지니, 몸에 좋을 수밖에 없지 않겠느냐고 능청스럽게 이야기한다면 분위기가 배로 즐거워질 것이다.

2. 우정을 표현하고 싶을 때

당신이 오래도록 살아 천 리 먼 곳에서도 함께 달빛을 보았으면 합니다.

Dànyuàn rén chángjiǔ   qiānlǐ gòng chánjuān
但愿人长久, 千里共婵娟。

소동파라는 이름으로 유명한 중국 시인 소식(苏轼)이 쓴 「수조가두(水调歌头)」의 한 구절이다. 소식은 중국의 추석인 중추절을 홀로 보내며 아우를 그리워하는 마음을 담아 이런 글을 썼는데,

이 글은 후대에 큰 사랑을 받으며 노래로 만들어지기도 했다. 이토록 불완전한 세상 속에서 사랑하는 이는 부디 건강했으면 하는 염원과, 비록 몸은 떨어져 있지만 함께 같은 달을 감상하고 있다는 사실이 주는 위안을 표현한 시구다. 친한 친구와의 작별의 순간이 찾아왔을 때 이 시구를 카드에 써 마음을 전하면 어떨까?

세상에 나를 알아주는 벗이 있다면 하늘 끝에 떨어져 있다 한들 가까이 있는 것 같습니다.

Hǎi nèi cún zhī jǐ   tiān yá ruò bǐ lín
海内存知己, 天涯若比邻。

나의 관심사, 고민은 물론 심지어는 눈빛만 봐도 내가 무얼 원하는지 알아주는 존재가 이 세상에 존재한다면, 그 존재와 나 사이의 물리적 거리는 중요치 않은 게 되어버린다. 그런 존재가 있다는 사실 자체가 살아가는 데 큰 힘이 되어주기 때문이다. 곁에 있지 않아도 늘 함께 있는 기분이 든다. 이 문장은 내가 다른 학교로 전학 간다는 소식을 전했을 때, 중국인 단짝 친구가 선물과 함께 편지 가장 아랫줄에 적어줘서 알게 된 글귀다. 이 열 글자에 함축된 의미를 알고 나서 더욱 감동했던 기억이 생생하다.

행복은 함께 누리고 어려움은 같이 나눕시다.

Yǒu fú tóng xiǎng yǒu nàn tóng dāng
有福同享，有难同当。

우리나라에도 "기쁨은 나누면 두 배, 슬픔은 나누면 절반이 된다."라는 말이 있다. 이 문장 또한 동고동락을 표현하는 좋은 문장이다. 독음으로 읽으면 '유복동향, 유난동당'이며, 우리나라 말로 읽어도 묘하게 입에 감긴다. 중국인은 속담이나 시구를 만들 때 이런 식으로 앞뒤 운율을 맞추는 걸 좋아하는데 글자 수와 라임이 딱딱 들어맞으니 외우기도 좋다.

3. 스스로에게 또는 상대방에게 용기를 주고 싶을 때

느린 것을 두려워하지 말고, 멈추는 것을 두려워하라.

Bú pà màn   zhǐ pà zhàn
不怕慢、只怕站。

사람은 누구나 불안해한다. 주변에서 제발 좀 쉬어가면서 일하라고 걱정할 정도로 삶의 리듬이 빠른 나조차 때때로 뒤처지고 있다는 생각에 초조할 때가 있다. 그러나 이 중국 속담은 느린 속도를 두려워하지 말라고 한다. 느려도 괜찮으니 포기하지만 말라는 뜻이다.

중국어 공부도 마찬가지다. 실력이 빨리 늘지 않는다고 불안해하거나 속상해할 필요 없다. 모든 사람이 저마다의 속도가 있으니, 원하는 실력을 달성할 때까지 꾸준히 배워나가면 결국은 원하는 바를 성취할 것이다.

사람은 하고자 하는 뜻만 있다면 무엇이든 이룰 수 있다.

Yǒu zhì zhě shì jìng chéng
有志者事竟成。

중국 한나라 때 어느 장군은 전쟁 도중 다리에 화살이 꽂혔으나, 화살을 잘라내면서까지 전투를 이어가다 결국 승리를 얻게 된다. 이에 광무제는 그를 높이 칭찬하며 "애당초 (전쟁이) 너무 원대한 계획이라 실현하지 못할 줄 알았는데, 의지가 있으니 결국 성공하는구나."라며 감탄했다고 한다. 그때부터 이 문장은 의지만 있으면 이루지 못할 일은 없다는 의미로 쓰이고 있다. 앞서 살펴보았던 '느린 것을 두려워할 것 없다'는 문장과 함께 쓰기도 좋다.

천리마는 늘 있으나 이를 알아보는 자는 늘 있지 않다.

Qiānlǐmǎ cháng yǒu ér   bólè bù cháng yǒu
千里马常有, 而伯乐不常有。

"네가 어디가 부족해서가 아니라 너의 재주를 알아봐주는 사람이 없어서 그래." 누군가의 좌절을 위로해주고 싶을 때 좀 더 은유적인 말로 멋지게 표현하고 싶다면 위 구절을 인용해보자. 한유의 「마설(马说)」에 나오는 한 천리마는 자신을 제대로 알아봐주는 사람(佰乐)을 만나지 못했고, 평범한 말처럼 사육당해 결국 재능을 발휘하지 못했다. 그리고 이를 앞에 둔 사육사는 힘 없어 달리지 못하는 천리마를 채찍질하면서 '어찌 천하에 천리마가 없느냐'며 한탄한다는 이야기에서 비롯된 문장이다.

공부 계획은
어떻게 세워야 할까?

중국어 공부와 운동의
평행이론

요새 운동을 시작해서일까? 언어 공부가 운동과 비슷한 것 같다는 생각이 종종 든다. 우선 열심히 하면 뿌듯한 마음이 들지만 그 외에는 당장 별다른 변화를 느낄 수 없다. 언어 공부도 운동도 꾸준함이 무엇보다 중요하지만 눈앞에 보이는 변화가 없으니 매일매일 실천하기가 어렵다. 그래도 포기하지 않고 하다 보면 어느새 근육이 자라게 된다. 게다가 연초가 되면 가장 붐비는 곳이 외국어 학원과 헬스장이 아니던가? 이 정도면 평행이론이란 생각마저 든다.

계획 세우는 법도 마찬가지다. 헬스장에 가면 가장 먼저 목표를 체크한다. 체력 증진이 목적인지 또는 체중 증가가 목적인지, 여름을 대비해 급히 다이어트를 해야 하는 건지 등을 확인한다. 그다음으로 인바디를 재서 현재 자신의 몸 상태를 확인한다. 그래야 앞으로의 운동 방향을 잡을 수 있기 때문이다. 모든 진단이 완료되면 세부적인 계획을 짠다. 일주일에 몇 번 운동할 것인지, 더 자세하게는 하루에 어떤 운동을 몇 세트 할 것인지에 대한 내용이다.

자, 그렇다면 이제 위 방법을 중국어 공부에 그대로 적용해보자.

1. 학습 목표 세우기

2장에서 이미 이야기했듯, 효과적인 학습법을 찾기 위해서는 정확한 목표 설정이 선행되어야 한다. 여행용 중국어를 배우려고 한다면 구체적인 여행 날짜까지 생각해두는 게 좋다. 자격증 취득을 목표로 설정해 가시적인 성취를 만드는 것도 꾸준히 공부하는 데 도움이 된다. 만일 HSK나 TSC를 취득하려 한다면 첫 시험은 언제 볼지 정해놓고, 추후 자격증을 따게 된다면 어디에 활용할 수 있을지까지 미리 찾아보자. 취직 또는 진급에 도움이 될 수도 있고, 자기계발 명목으로 회사에서 지원금을 받을 수 있는 제도도 있다.

그리고 내가 세운 목표를 가능한 널리 공유하자. 혹시 모른다. 생각보다 꽤 가까운 곳에 나와 비슷한 목표를 가진 공부 메이트가 있을지! 이 방법으로 사내 스터디를 결성한 케이스도 꽤 봤다.

2. 나의 현재 수준 파악하기

특히 이전에 중국어를 애매하게 배운 이력이 있는 학습자의 경우 자신이 현재 어느 단계에 있는지부터 파악할 필요가 있다. 중국어 기초 지식이 아무리 많다 한들, 자신의 수준을 정확히 파악하지 못하면 앞으로 어떤 공부를 해야 할지 몰라 학습 과정에서 방황할 가능성이 크다.

대형 백화점에서 특정 매장을 찾아가기 위해 매장 내 지도를 봐야 하는 상황을 떠올려보자. 목적지로 빠르게 이동하기 위해서는 내가 서 있는 현재 위치부터 확인해야 한다. 언어 학습 또한 마찬가지다. 내 위치를 잘 알아야 어디로 나아갈지에 대한 방향성을 잡을 수 있다. 물론 마음대로 여기저기 돌아다니다 우연히 목적지에 이를 수도 있겠지만, 우리에게 허락된 시간은 한정적이라는 사실을 잊지 말자. 모로 가도 서울만 가면 된다고 생각할 수 있지만, 기회비용을 고려했을 때 활용할 수 있는 내비게이션이 있는데 굳이 길을 돌아갈 필요는 없지 않은가?

예를 들어 중국어를 배운 적 있어 간단한 문법은 알고 있지만 공백기가 길어서 단어가 잘 기억나지 않는다면, 중급 강의를 들으며 초급 단어를 따로 공부하는 식의 전략을 세우면 된다. 또는 듣기와 말하기는 문제없는 수준인데 한자를 제대로 외운 적이 없어 까막눈인 상태라면, HSK 응시를 목표로 삼고 한자와 친해지는 시간을 가질 수도 있다.

공부 또한 모름지기 '지피지기, 백전백승'이다. 자신의 실력을 과신하면 모르는 것도 이미 다 안다고 착각하며 넘기다가 머릿속에 남는 것 없는 헛공부를 하는 수가 있고, 반대로 자신의 능력을 너무 과소평가하면 쉬운 내용만 오랫동안 붙잡고 있다 흥미를 잃을 수 있다. 자신의 상황을 객관적으로 판단하고 정확한 목표를 세우는 것이 필요하다.

3. 학습 계획 세우기

이왕이면 단기 계획과 장기 계획을 모두 세우는 것이 좋다. 중국어를 아예 처음 배우는 학습자라고 가정해보자. 6개월 뒤 중국 여행을 갔을 때 식당에서 음식을 주문하고, 길을 물을 수 있는 정도의 수준을 갖추는 걸 1차 목표로 삼을 수 있다. 그리고 목표 달성을 위해 매일 공부해야 할 학습 리스트를 만들어보자. 여행용 중국어 책을 구매해 매일 반 챕터씩 공부한다든지, 백종원의 〈스트리트 푸드 파이터〉 중국편을 보며 방송에 나오는 표현을 모두 정리해 외워둔다든지, 중국 여행 관련 유튜브 영상을 보며 공부한다든지 등 방법은 다양하다.

나를 위한 보상 차원에서 '셀프 격려용 적금'을 드는 것도 좋은 방법이다. '매주 HSK 단어 100개 외우기'라는 목표를 세워놨다면 학습 목표를 달성한 주마다 적금을 넣는 방식이다. 5천 원도 좋고 5만 원도 좋다. 꾸준히 공부해왔다는 사실에 대한 가시적인 기록이 생겨 지속적인 동기부여가 되기도 하고, 어찌되었든 일정 금액이 모이면 중국어 공부와는 별개로 또 다른 뿌듯함을 느낄 수 있을 것이다.

학습 계획을 실천할 때
유의해야 할 것

학습 계획을 세우고 실천하는 단계에서 꼭 유념했으면 하는 사항이 있다. 우선, 조급해하지 않아야 한다. 언어 수준의 발달은 흔히 계단식으로 이루어진다고 한다. 일정 기간의 잠재기를 거쳐야 도약기가 나타난다는 뜻이다. 여기서 잠재기는 결코 침체기가 아니다. 잠재기 동안 언어 지식은 투입하는 만큼 축적된다. 게임도 그렇지 않은가. 일정 경험치가 쌓여야 레벨 업을 할 수 있다. 게다가 레벨이 높아질수록 다음 단계로 올라가기 위해 더 많은 경험치를 모아야 한다. 공부의 경험치도 같다. 중간에 포기하지 않고 꾸준

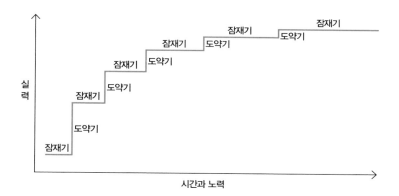

히 시간과 노력을 투입해야 다음 단계로 도약할 수 있다.

그러니 언어 공부를 할 때 조급함은 잠시 내려놓자. 매일 단어 하나씩 외우는 것도 좋고, 출근길에 유튜브 한 편씩 보는 것도 좋다. 매일이 아니어도 괜찮다. 어쨌거나 무언가를 꾸준히 하고 있다는 사실 자체에서 만족감을 얻으면 된다. 삼국지의 제갈량은 "非宁静无以致远"이라 했다. '고요하지 않으면 먼 곳에 이를 수 없다'는 말로 어떤 일이든 초조해하지 않고 차분한 자세로 임해야 비로소 원하는 바를 이룰 수 있다는 뜻이다.

그렇다면 차분한 자세를 유지하기 위해선 어떤 마음가짐을 가져야 할까? 나는 '완벽함에 대한 강박을 버리는 것'이 그 시작이라고 본다. '왜 이 발음이 안 되지?' '왜 단어가 잘 안 외워지지?' '왜 난 유창하게 말하지 못하지?'라는 생각이 들거나, 추구하는 이상에 도달하지 못하는 것 같은 기분이 들 때면 자연히 조급함에 사로잡히게 된다. 그러나 생각만큼 잘 안 되는 부분이 있더라도 완벽하지 않다는 사실에 스트레스받지 말자. 마음으로는 이미 중국어를 줄줄 뱉는 원어민이지만 실제로는 간단한 회화 한 마디도 버벅거리는 게 우리 대부분의 모습이다. 이상에 도달하기 위해서는 부단한 노력이 필요하다. 처음부터 완벽한 수준에 도달하려고 하지 않아도 된다.

만일 학습 과정에서 계속 발목을 잡는 부분이 있다면 그 부분에 더 많은 시간을 투입해야 한다. 그럴 땐 내가 아직 잠재기 단계이겠거니, 생각해버리고 도약기를 위한 준비에 힘쓰자. 학습 계획을 짤 때 어려움을 느끼는 부분의 비중을 늘리면 된다. 듣기가 안 된다면 듣는 시간을 늘리고 읽기가 안 된다면 암기 단어 개수를 더하는 식이다. 공부는 정직하게도 내가 시간을 투입하는 만큼의 결과를 보여준다. 그것도 내가 예상했던 것보다 훨씬 빨리.

마지막 포인트는 '공부 계획'과 별도로 '연습 계획'도 세우는 것이다. 중국 현지가 아닌 우리나라에서 중국어를 배우는 학습자들은 이 부분을 꼭 유념했으면 한다. 국내에서는 학원, 인강, 과외, 독학서 등을 통해 공부 환경을 잘 갖출 수는 있지만, 반면 공부한 내용을 연습할 수 있는 여건을 마련하기는 어렵다. 잠재기 동안 공부로 축적이 이루어진다면, 도약기로의 성장은 대부분 연습 과정에서 나타난다. 따라서 연습 계획은 공부 계획을 세우는 것만큼이나 중요하다.

연습 계획이란 그렇게 거창한 것이 아니다. 음식 주문하는 법을 배우고 나서 대림, 건대 등에서 중국인이 운영하는 음식점에가 중국어로 요리를 주문해보겠다고 마음먹거나, 간단한 리액션을 몇 가지 익혀 조만간 있을 중국 클라이언트 미팅 자리에서 반드시 써먹어보겠다고 계획하는 것이다. 배운 것을 직접 활용하는 순간의 짜릿함이 학습 흥미와 효율을 더해 도약을 위한 폭발적인 힘을 실어줄 것이다.

중국인처럼 말하는
방법이 있나요?

A   함께 한참을 대화하던 중국인이 내 국적을 듣고 나서야 "엥? 네가 중국인이 아니라고?" 하며 소스라치게 놀랄 때가 있다. 귀신이라도 본 듯한 표정이 웃기기도 하고 한편으로는 아직 실력이 죽지 않았구나 싶어 뿌듯하기도 하다. 발음이나 표현적인 부분에서 원어민이라 착각하게 만드는 포인트들이 몇 개 있었을 것이다. 실은 그 포인트만 잘 잡아내면 된다. 섀도잉을 아무리 열심히 해도 어떤 부분을 신경 써야 하는지 모르면 정작 실제 회화에서 적용하기 힘들다. 반대로 몇 가지 포인트만 잘 알아두면 마치 내가 그랬듯, 중국인에게 중국인 같다는 평가를 받을 수 있다.

지금부터 설명할 내용은 중국어를 어느 정도 배운 학습자에게 유용한 내용이지만, 앞으로 중국어를 배울 분들도 이 내용을 신경 써서 학습한다면 회화에서 더 좋은 성과를 볼 수 있을 것이다.

1. 실수하기 쉬운 발음 주의하기

중국어를 배우는 외국인이 종종 부정확하게 발음하는 것들이 있다. 바로 복운모(모음) iou, uei, uen이다. 이 세 복운모의 공통점은 성모(자음)와 만났을 때 가운데 밑줄 친 부분이 생략되어 표기된다는 점이다.

예를 들어 z+uei는 zuei가 아닌 zui로 표기한다. 그러다 보니 많은 학습자들은 zui를 표기된 병음만 보고 [쮸이]라 발음하곤 한다. 정확한 발음은 생략된 e 발음까지 살린 [쮸에이]인데 말이다. xiu도 [시우]가 아니라 [시오우], tui는 [투이]가 아닌 [투에이]로 발음해야 한다.

콧소리가 나는 비운모 ing도 유의해야 할 발음이다. ing을 IPA(International Phonetic Alphabet), 즉 국제 음성 기호법에 맞춰 전사하면 [ɪŋ~iəŋ]가 된다. [잉]과 [이엉]의 중간 발음이란 뜻이다. ieng이라 생각하고 e(으) 발음을 아주 약하게 내주면 된다. 이런 사소한 디테일이 원어민 입장에서는 큰 차이처럼 느껴진다. 이 외에 zhi, chi, shi, ri 같이 혀를 살짝 말아 올리는 권설음 발음도 많이 연습해두는 게 좋다.

정확하게 끊어 읽기

말을 아무리 잘해도 끊어 읽기가 엉망이면 유창하게 들리기 어렵다. '시리'나 '빅스비' 같은 AI가 오늘의 뉴스나 날씨를 줄줄이 읊어주는 걸 들어본 적 있다면, 내용이 아무리 전문적이라 한들 어색하게만 느껴진다는 사실을 알 것이다. 중국어 읽기도 비슷한 맥락이다. 특히 중국어는 띄어쓰기가 없기 때문에 많은 학생들이 어디서 어떻게 끊어 읽어야 하는지 궁금해한다.

우리나라 학습자들이 주로 틀리는 부분 위주로 짚어보고자 한다. 참고로 'Ⅴ'는 반 박자, '/'는 한 박자 쉬는 걸 뜻하는 표시다.

1. 주어가 1음절이면 술어와 붙여 읽어야 한다

'나는 한국인입니다'라는 문장은 중국어로 '워 스 한궈런(我是韩国人)'이라고 앞서 배웠다. 여기서 주어와 술어를 붙이면 '워 스/한궈런'이 된다. 다만 주어가 2음절 이상이면 주어 뒤에서 살짝 쉬어주는 게 좋다. 예를 들어 '너희는 한국인이니?'라는 말을 '니먼 스 한궈런 마(你们是韩国人吗)?'라고 하는데, '니먼Ⅴ스/한궈런마'와 같이 술어 앞에서 잠깐 쉬어주면 된다.

2. 的는 상황에 따라 붙여 읽는 법이 다르다

的가 '~의'라는 뜻으로 쓰일 때, 그러니까 '나의 책' '너의 선생님'처럼 소유나 관계를 나타낼 때는 앞에 오는 명사와 붙여 읽는다. '워더/슈(我的书)' '니더/라오슬(你的老师)'처럼 말이다.

그러나 가정을 나타내는 '~的话' 또는 시점을 나타내는 '~的时候'에서는 的 바로 앞에서 쉬어준다. '책 읽을 때'라는 말을 중국어로 '두 슈 더 슬호우(读书的时候)'라고 발음하는데, '두슈∨더 슬호우'처럼 끊어 읽을 수 있다. 참고로 的는 항상 짧게 발음해야 자연스럽다는 것을 기억하자.

3. 어기조사는 붙여서 읽는다

어기조사는 직전에 오는 단어와 착 붙어 있다고 생각하면 된다. '니하오마'라는 인사를 '니하오/마' 하고 끊어 말하지 않듯이.

3. 강세 주는 연습하기

강조하고 싶은 내용이 있다면 적당히 강세를 주어 발음해야 한다. 그래야 전달력이 좋아지고 말솜씨 또한 훨씬 유창해 보일 수 있다. 강세를 주는 방법은 아주 간단하다. 강조하고 싶은 내용을 길게 눌러 말하면 된다. 앞에서 배운 '워 스 한궈런(我是韩国人)'이라는 문장에 강세를 넣는 것만으로도 다양한 느낌의 문장이 된다.

'워~! 스 한궈런'은 '(쟤가 아니라) 내가 한국인이야'라는 뜻이고, '워 스~! 한궈런'은 '나 한국인 맞아(의심하지 마)'라는 뜻이다. 또 '워 스 한!궈!런!'이라고 하면 '나는 (다른 나라가 아니라 바로) 한국인이야'라는 뜻이 된다. 말의 진정한 묘미는 이처럼 같은 문장으로도 다양한 뉘앙스를 나타낼 수 있다는 것 아닐까?

4. 어기조사 잘 쓰기

중국어는 말의 꼬리에 어기조사가 오는 경우가 많다. 어기조사란 '말의 분위기 조성을 도와주는 조사'라는 의미로 문장 맨 끝에 붙여 감탄, 탄식, 의문 등 말의 전체적인 분위기를 결정한다. 상황에 맞는 적절한 어기조사를 사용하는 것만으로도 중국어 고수처럼 보이는 효과가 있다.

1. 啊, 呀

중국어에서 가장 많이 쓰이는 어기조사로 긍정, 감탄, 놀람 등을 나타낸다.

好！: 좋아!

好啊！: 좋지 그럼!

문장 끝에 啊[a] 하나만 붙여도 훨씬 더 긍정적인 느낌을 준다. 자매품으로는 呀[ya]가 있는데, 발음의 편의를 위해 啊를 변형해 만들어진 게 呀라고 한다. '이거요?'라고 물을 때 '这个啊？(쩌거아)'라고 하는 것보다 '这个呀？(쩌거야)'라고 하는 게 더 자연스럽다. '지혜아'라고 부르는 것보다 '지혜야'라고 부르는 게 더 자연스럽게 느껴지는 것과 비슷하다.

2. 呗

呗[bei]는 당연해서 굳이 말할 필요가 없다는 뉘앙스를 가진 어기조사다.

饿了就吃饭。 : 배고프면 밥 먹어.

饿了就吃饭<u>呗</u>。 : 배고프면 밥 먹으면 되잖아.

예시 문장으로 어감의 차이를 느껴보자. '~하면 되잖아' '~지 뭐' 정도의 뜻이라고 생각하면 이해하기 쉽다.

3. 呢

呢[ne]는 기초 중국어를 배울 때 쉽게 접하는 어기조사다. 보통 의문문에서 쓰여서 '~은/는요?'로 해석한다고 배웠을 것이다. "나는 오늘 운동할 거야. 너는?" 같은 문장에서, '너는?' 부분에 해당한다. 그런데 이것 말고도 다른 상황에서도 呢를 활용할 수 있다.

我那时候没有无线耳机。 : 나 때는 무선 이어폰이 없었어.

我那时候<u>呢</u>, 没有无线耳机<u>呢</u>。 : 나 때는 말이야, 무선 이어폰이란 게 없었단 말이지.

'~는 말이야' '~는 말이지' 같은 표현을 할 때도 呢를 쓸 수 있다는 것을 기억해두면 좋다.

술자리에서 유용하게
써먹는 중국어

중국인과 함께하는 술자리에서 유용하게 써먹을 수 있는 중국어 문장을 소개한다. 몇 가지 필수 표현만 알아둬도 술자리에서 부드러운 분위기를 만들 수 있다. 특히 비즈니스 미팅이 잦은 사람이라면 중국인들의 마음을 사로잡는 한두 마디로 원하는 결과에 한 발짝 더 가까워질 수도 있다. 정확한 발음이나 자세한 설명은 뒤편의 QR코드를 통해 유튜브 영상에서 확인하자.

1. 술자리를 시작하며

Wú jiǔ bù chéng yàn
无酒不成宴。
술이 없으면 잔치가 이루어지지 않는다.

Nǐ ài hē shāojiǔ ma
你爱喝烧酒吗?
소주 좋아하세요?

Nǐ xǐhuan Hánguó yǎnyuán ma
你喜欢韩国演员吗?
한국 배우 좋아하세요?

Wǒ zhǔnbèi le máotái
我准备了茅台。
제가 마오타이를 준비했습니다.

Qǐng suí yì
请随意。
편하게 드세요.

TIP
본인이 대접하는 경우에 사용하는 말이다.

---

2. 술을 마시며

Wèi le wǒmen de yǒuyì, gān bēi!

为了我们的友谊, 干杯！

우리의 우정을 위하여, 건배!

合作成功[hézuò chénggōng]

성공적인 협력

健康[jiànkāng] 건강

Zánmen pèngpeng bēi ba

咱们碰碰杯吧。

저희 짠 하죠.

Wǒ jìng nǐ yì bēi

我敬你一杯。

제가 한잔 올리겠습니다.

Tiān jiǔ

添酒

첨잔하다. 술을 더 따르다.

TIP

중국에서는 첨잔이 기본적인 예의이기 때문에 누군가 계속해서 술을 따라준다고 해서 기분 나빠 할 필요 없다. 마찬가지로 중국인의 술잔이 조금이라도 비었다면 바로바로 첨잔해주는 것이 좋다.

Zánmen wāifai (ba)

咱们wifi（吧）。

저희 '와이파이' 합시다.

TIP

대부분의 중국 식당은 테이블이 커서 둘러앉은 모든 사람들이 다 같이 건배하기가 쉽지 않다. 따라서 '와이파이'라고 해서 각자의 자리 앞에 잔을 톡톡 두드리며 건배를 대신하곤 한다.

발음
듣기

나에게 꼭 맞는
공부법을 찾아라

모두가 모두의
스승이다

중국어 가르치는 일을 하며 굉장히 큰 기쁨을 느끼는 부분은 여러 학생들을 만날 수 있는 기회가 끊임없이 생긴다는 점이다. 다양한 직군의 사람들이 저마다의 목표를 갖고 중국어를 배우기 위해 나를 찾아온다. 중국어를 공부하는 이유나 요청하는 수업 방식 모두 제각각이다. 무엇보다 다들 각자의 방식으로 중국어를 받아들이기 위해 노력하는 모습이 정말 대단하게 느껴진다. 수업을 하다 보면 내가 가르쳐주는 내용보다 오히려 그들로부터 배우게 되는 점이 훨씬 많다고 느낄 정도다. 학습 태도를 바탕으로 삶을 대하는 자세를 비추어볼 수 있기 때문이다.

예컨대 드라마, 노래 등을 활용해 자기만의 요령을 가지고 학습 효율을 높이는 사람이 있는가 하면 우직함과 성실함으로 승부하는 사람도 있다. 그리고 그 학습 태도는 그들이 삶을 살아가는 방식과도 굉장히 닮아 있음을 느낀다.

三人行, 必有我师焉。

'셋이서 길을 걸으면 그중 반드시 나의 스승이 있다.' 누구에게나 배울 점이 있다는 말이다. 내가 만난 학생들이 중국어 공부에 임하는 태도와 그동안 그들이 누적해온 나름의 학습 노하우에 대해 이야기해보고자 한다. 중국어 학습 선배들의 이야기를 들어보며 본인은 어떤 성향을 갖고 있으며 어떤 공부법을 따를 것인가 한번 생각해보자. 어떻게 해야 할지 몰라 막막할 땐, 역시 다양한 사례를 참고하는 것이 최고다.

재미있게 공부하는
방법을 찾아라

'개발자'라고 하면 복잡한 컴퓨터 앞에서 솔루션을 찾고 계산을 하며 오류를 잡아내는, 몹시 수학적인 이미지가 떠오른다. 숫자와 친한 이들은 아무래도 문과 출신에 비해 언어와 거리감을 느끼지 않을까 생각했으나, 내가 만난 학생들 덕에 그러한 편견을 조금씩 깨부술 수 있었다.

IT 개발자로 일하는 K 학생은 나와 2년 동안 중국어를 공부한 수강생이다. 문과 출신 개발자라고 하니 어쩌면 문·이과를 아우르는 인재인 셈이다. 아무튼 그와는 그룹 수업으로 처음 만났으나 지금은 개인 과외로 인연을 이어가고 있다. 지구력이 약한 나로서는 소중한 주말에 시간을 내어가며 결석하는 일도 없이 2년 동안 한 가지 공부를 꾸준히 한다는 것 자체가 존경스러운 일이다.

어느 날 하루는 이렇게 오랜 시간 꾸준히 중국어를 공부할 수 있는 원동력이 무엇일까 궁금해 이런저런 질문을 했다. K 학생이 중국어 공부를 시작하게 된 계기는 꽤 단순했다. 교환학생 프로그램으로 홍콩에 가서 중국어를 배웠었지만, 그때는 학교에서 공부를 위한 공부를 하다 보니 그다지 큰 재미를 느끼지 못했다고 한다. 다만 중국인 친구들을 사귀게 되고 중국인 여자친구까지 만나며 자연스럽게 흥미를 붙이게 된 것이다. 그래서 무엇보다 '재미있게 배우는 것'을 중요하게 생각한다고 했다.

그는 시험을 목표로 공부하면 단기간에 집중할 수는 있겠지만 오래 공부하기는 어려우니 반드시 즐겁게 공부할 수 있는 방법을 찾아야 한다고 말했다. 특히 듣기 영역에서 성조를 구분하는데 어려움이 있기 때문에 예능, 드라마 등 미디어를 활용해 최대한 듣기 연습을 많이 한다고도 했다. 그 신념에 맞춰 나는 2년째 중국 드라마와 예능 스크립트를 활용해 그의 수업을 진행하고 있고, K 학생 또한 수업 방식에 대한 만족도가 높다. 그는 이런 수업을 '살아 있는 공부'라고 했다.

K 학생은 여자친구에게 "중국어를 2년 배웠는데 그 정도밖에 못 하냐"며 놀림을 받는다고도 했다. 여자친구는 잠깐 배운 한국어로 국내에서 직장생활까지 할 정도로 언어 능력이 뛰어나 달리 변명할 핑계도 없다고 한다. 그러면서 이런 말을 했다.

"지금까지 저랑 선생님이 본 모든 한국 드라마를 다 합쳐도 제 여자친구가 본 만큼이 안 될 거예요. 심지어 여자친구는 언어 공부 자체를 즐기는 사람이에요. 드라마를 보면서 새로운 단어나 표현을 끊임없이 궁금해하고 찾아보는 스타일이거든요."

'언어를 빨리 배우는 지름길은 역시 몰입과 흥미에 있구나.'라고 생각했다. K 학생 역시 중국어를 배우며 한국어와 소리가 비슷한 단어를 만날 때마다 '왜 비슷한 소리가 나는 걸까?' 하며 호기심을 갖고 공부한다고 말해주었다. 역시 '주변에 어떤 환경이 갖춰져 있는가'도 학습을 지속할 수 있는 중요한 요소라는 생각이 들었다.

K 학생은 가끔 수업을 듣다가 마음에 드는 표현이 나오면 흥미 가득한 모습으로 해당 문장에 별표를 치곤 한다. 그리고 "이거

나중에 여자친구한테 써먹어봐야겠네요." 하며 즐거워하는데, 이런 식으로 접근하니 공부가 재미있어질 수밖에 없으리란 생각이 든다. 중국어를 배우는 다른 학습자들도 마냥 교과 내용에 맞춰 언어를 학습하기보다, 자신이 어떤 상황에서 어떤 말을 주로 쓰게 될지 상상해보고 그에 맞는 적절한 표현을 익혀보면 어떨까? 그래야 재미와 효율을 함께 잡을 수 있다.

다시 개발자 이야기로 돌아가자면 나는 줄곧 수학에 강한 사람은 언어에 약하다는 편견을 갖고 있었다. 그러나 생각해보면 '컴퓨터 언어'도 일정한 문법 규칙이 있고, 패턴을 외워 활용할 수 있다는 점에서 언어와 비슷한 점이 있다. K 학생은 코드를 치밀하게 짜놓고 테스트를 돌렸을 때 그것이 오류 없이 돌아가면 그 순간 굉장한 희열을 느낀다고 한다. 실은 언어도 이와 비슷하다. 부지런히 배워놓은 중국어를 실전에서 써먹었을 때, 중국 사람들과 소통하고 인연까지 맺게 될 때, 비로소 언어가 주는 짜릿함을 만끽할 수 있을 것이다.

꾸준히 공부할 수 있도록
목표를 세워라

내가 강의를 맡았던 중국어 입문반은 우리나라 말로 따지면 '가나다라'를 가르치는 수업 과정이었다. 일명 '왕기초반'이다. 수업 첫날, 한 학생이 "지금은 일반 초등학교 교사인데 나중에는 중국어 선생님이 되고 싶어요."라며 굉장한 학습 목표를 밝혀 신선한 충격을 받았던 기억이 난다. '이제부터 중국어를 배워서 중국어 선생님이 되겠다고? 그게 가능한 일일까?' 속으로 이런 의문이 들다가도, 그 학생이 원하는 바를 꼭 이뤘으면 좋겠다는 마음이 들었다. 그의 성공담이 많은 사람들에게 좋은 본보기가 되어줄 수 있으리란 생각 때문이었다.

그리고 4년이 지난 지금, 그는 정말 교육대학원을 다니며 중국어 선생님이 되기 위한 과정을 차근차근 밟고 있다. 어떻게 중국어를 전혀 모르던 초심자에서 시작해, 중국어를 남에게 가르쳐줄 수 있을 정도의 실력을 갖게 되었을까? 개인적으로 궁금한 점이 많아 실례를 무릅쓰고 이것저것 질문해보았다.

현재 초등학교 선생님인 S 학생은 원래 한문을 좋아했다고 한다. 어렸을 때부터 할아버지께서 경서를 가르쳐주셨고, 초등학생 때 이미 한문 급수도 따놓을 정도로 한자에 관심이 많았다. 그런데 한문은 실용성이 떨어지는 게 아쉬워, 한자를 쓰면서도 실용적인 학문이 뭐가 있을까 고민하다 중국어를 선택하게 되었다는 것이다. 그뿐만 아니라 여행을 무척 좋아해 옛 문화나 역사의 발자취를 느낄 수 있는 중국을 종종 다녔는데, 생각보다 많은 중국 사람들이 영어를 못한다는 것을 느끼곤 '여행을 다니려면 중국어를 배워야겠구나.' 싶었다고 한다.

그렇게 여행 회화 위주로 중국어를 배우던 S 학생은 '이왕 배우는 김에 자격증을 따보는 게 어떨까?' 싶어 HSK 시험 공부를 시작했다. 중국어는 배울수록 깊이 빠지게 되는 매력적인 언어가 확실한 것 같다. S 학생도 중국어를 깊게 배워보고 싶은 마음이

솟구쳐 방송통신대학교까지 다니며 실력을 빠르게 길렀다. HSK 는 1급부터 6급까지 있으며 6급이 가장 높은 급수다. 그는 듣기 위주로 연습하며 5개월 뒤에 4급을 땄고, 1년 만에 5급이라는 높은 급수까지 취득할 수 있었다.

연관시키기와
꾸준히 배우기

S 학생의 중국어 공부 팁은 '연관시키기'와 '꾸준히 배우기'다. 관심 있는 주제를 중국어와 연관시키며 공부하는 걸 좋아했다고 한다. 여행을 좋아하는 그는 중국 여행을 갔을 때 어떤 말을 써야할지 상상해보며 미리 리허설까지 해봤다고 한다. 만일 여행 코스를 짜야 한다면 구글맵 대신 중국의 바이두맵 읽는 법을 연습하는 식이다. 상황별로 쓸 수 있는 어휘나 문장을 익히면서 자신이 설정한 상황에 많이 젖어들려고 노력했다는 것을 알 수 있다.

그리고 무엇보다 꾸준함이 가장 중요하다는 걸 강조하며 인풋이 많아야 아웃풋을 낼 수 있다는 말을 했다. 그 말을 들으면서

나 또한 고개를 힘차게 끄덕였다. S 학생처럼 중국어를 좋아하는 것과 연관시켜 꾸준하게 공부하다 보면 어느 순간 계단을 한 칸 올라선 듯 실력이 한층 향상된 것을 발견할 수 있을 것이다.

또한 공부를 꾸준히 하기 위해서는 나만의 목적의식도 필요하다. S 학생의 단기 목표는 'HSK 취득'이었고 중장기 목표는 '교육대학원 입학'이었다. 거기에다 그는 멋진 장기적 목표까지 갖고 있었다. 그가 일하는 학교에는 중국 다문화가정의 아이들이 많다고 한다. 그 아이들은 아무래도 가정에서 중국어를 많이 쓰다 보니 다른 동급생들에 비해 한국어 실력이 떨어지는 경우가 많았고, 이는 곧 학습 격차로 이어진다고 했다. 그는 그런 아이들을 위해 중국어로 교과 수업을 진행하는 날을 꿈꾼다고 말했다. 이런 마음을 갖고 공부에 임하면 순간순간 찾아오는 권태의 시기도 거뜬히 넘길 수 있지 않을까? 꾸준한 공부를 통해 목표를 하나씩 달성해가며 성취욕을 채우는 기쁨을 누릴 수 있으니 말이다.

마지막으로 학습 선배로서 중국어를 열심히 배우고자 다짐하는 이들에게 전할 메시지가 있는지 물었는데, 그는 잠시 고민하더니 이렇게 말했다.

"저는 문화가 중요한 것 같아요. 문화에 대해서 받아들이고자 하는 마음이 없으면 배움에도 의욕이나 동기가 많이 떨어지는 것 같더라고요. 특히 중국에 대한 부정적인 인식이나 편견이 많은 사람일수록 중국 문화를 받아들이고 좋아하려는 마음을 가져야 한다고 생각해요."

그의 말에 따르면, 어린아이들이 스펀지 같은 흡수력으로 언어를 습득할 수 있는 데는 분명 이런 점이 크게 작용했을 것이다.

어설프게 아는 척 말고
솔직하게 배워라

이번에는 첫 만남에서 중국어를 왜 배우냐는 질문에 "평소에 중국인 닮았다는 말을 많이 들어서 중국어에 관심이 갔어요."라는 답변을 내놓으며 날 당황시킨 H 학생의 이야기다. 함께 수업을 하며 많은 이야기를 나누다가 안 사실은 그 말이 농담만은 아니었다는 것이다. 그렇다 할 특별한 계기는 없지만 왠지 모르게 중국어라는 언어에 자꾸 호기심이 생겼다고 한다.

변호사로 일하는 H 학생은 중국어를 배우면 업무적으로 중국 회사와 거래하는 고객들을 도와주는 데 도움이 될 수 있을 것 같다고도 생각했으나, 그게 중국어를 배우기로 결심하는 데 그리

결정적인 요소는 아니었다. 오히려 홍콩 여행을 다녀온 이후로 중국어를 배워 중국을 더 편히 여행해보면 어떨까 싶어 공부를 시작했다.

성인 학습자가 중국어를 배우게 되는 계기는 대체로 비슷하다. 외국어를 배우고 싶긴 한데 어릴 때부터 배워온 영어는 도통 흥미가 안 생기고, 종종 여행 다니며 사용할 수 있는 언어를 찾다 보면 결국 중국어를 선택하게 된다. 거기에 '미지의 세계에 대한 호기심'이 더해져 중국어 공부에 발을 담그게 되는 것이다.

이 학생의 강점은 직업 특성상 한자와 친하다는 것이었다. 중국어에 사용하는 한자는 비록 간체자지만, 우리도 한자 문화권이라 중국 문자 또한 익숙하게 받아들일 수 있다며 좋아했다. 운동의 중국어 발음이 '윈똥(运动[yùndòng])'이고, 꽃 심는 화분을 '화펀(花盆[huāpén])'이라고 발음하는 등 아무래도 우리말과 매치되는 것들이 많아 그런 유사성에서 흥미를 느꼈던 것 같다. 무엇보다 한자를 잘 아는 사람이 중국어를 배울 때 가장 큰 이점은 한자 암기에 대한 자신감이 있다는 사실이다. 실제 암기 능력과 별개로, 한자에 막연한 두려움을 갖고 있는 사람들에 비해 빠르게 한자를 외우는 모습이 인상 깊었다.

나는 선생님의 신분으로 학생을 만나지만 수업이 끝나고 나면 도리어 내가 더 많은 지혜를 배운 듯한 느낌이 든다. 어쩌면 모두가 모두의 스승일 수 있겠다고 생각한다. 그중에서도 H 학생에게서 배우고 싶은 점은 모르는 것을 당당하게 물어보는 '용기'다. 중국어 초보들은 모르는 게 많은 것이 당연한 일임에도 대개 질문하는 것 자체를 두려워한다. 자신이 너무 바보 같은 질문을 하는 건 아닌지, 예전에 배웠던 내용을 다시 묻는 건 아닌지 또는 강의 중에 흐름을 끊는 건 아닐지 걱정한다. 그러다 보니 모르는 것도 아는 체하고 넘어가게 되는 상황이 생기고 만다.

특히 남들이 똑똑하다고 추켜세워주는 직업일수록 모르는 것을 티내는 게 더욱 민망할 수 있지 않은가? 그러나 그는 어설프게 아는 척하지 않았다. 모르는 것은 솔직하게 질문했고, 그 덕분에 정확하게 배워갔다. 잘못 알고 있었던 내용에 대해서는 오류를 교정받고 다음부터 같은 실수를 반복하지 않았다.

물론 이런 엘리트에게도 성조는 큰 벽이었다. 우리는 중국어 단어를 외울 때 한자, 뜻 그리고 한글로 읽을 수 있는 발음 정도만 어휘 공부라 생각하고 익히는 경우가 많다. 하지만 사실 성조도 그 글자의 일부라는 개념을 받아들여야 한다. 그저 발음만 외위서는 안 되고 반드시 성조, 즉 음을 같이 외워야 그 글자를 안다고 말할 수 있는 것이다. H 학생이 이 사실을 깨달았을 때 비로소 발음의 정확성이 눈에 띄게 좋아지기 시작했다.

"선생님, 제가 깨달은 게 있어요. 중국어는 꼭 노래 배우는 것 같아요. 가사를 줄줄 외운다고 그 노래를 아는 게 아닌 것처럼 중국어도 음가를 알아야 하잖아요. 성조가 중국어 발음의 필수적인 정체성이라는 걸 이제 받아들일 수 있게 됐어요. 이런 리드미컬한 부분 덕분에 오히려 노래 배우는 것처럼 즐겁게 배울 수 있는 것 같고요."

중국어를 공부하는 모든 이에게 공유하고 싶은 말이다.

완벽에 대한
욕심을 버려라

C 학생은 내가 학원에서 강의하던 시절 만난 입문반의 분위기 메이커였다. 지금 돌이켜보면 늘 넘치는 에너지로 수업에 참여해 반 전체 분위기를 열정으로 물들였다. 그는 학교 교사인데 방학 때마다 여행을 다니면서 해외 어디를 가든 중국인을 많이 만나게 되었다고 한다. 그들과 간단한 인사라도 나눌 수 있다면 해외에서 친구도 사귈 수 있고, 여행 자체도 한층 즐거워질 것 같다는 생각에서 중국어 첫걸음 떼기를 결심했다.

C 학생은 '중국어의 성조가 사람을 당차고 자신감 있게 만드는 매력이 있다'고 했다. 아무래도 성조를 정확하게 발음하려면

소리를 크고 또렷하게 내야 하니 저절로 당당해지는 느낌이 나는 듯하다. 그는 수업 시간에도 늘 당당하게 입 밖으로 소리를 뱉어보고 연습하며 회화 실력을 빠르게 키웠다.

다만 그는 한자 외우는 것을 힘겨워했다. 그래서 선택한 방법은 바로 '욕심 버리기'였다. 뭐든지 첫술에 배부를 수 없는 법. 처음 배울 때 모든 걸 완벽하게 잘하겠다는 욕심을 버리고 한자를 많이 외우지 못해도 스트레스를 받지 않았다고 한다. 한자를 몰라도 당장 중국인과 소통하는 데 있어 어려움은 없다고 생각했기 때문이다. 앞서 소개했던 변호사 H 학생과 초등학교 선생님인 S 학생이 '친 한자파'였다면, C 학생은 한자에 대한 부담을 떨치고 대신 회화 역량 키우기에 몰두하는 식으로 선택과 집중을 택한 셈이다.

나는 그가 한자 외우기 대신 회화를 확실하게 배우기 위해 많은 노력을 기울였음을 알고 있다. 재밌게 보고 있는 중국 드라마를 내게도 추천하고 싶다며 종종 연락을 해오는데, 사극부터 현대물까지 두루 섭렵하고 있음에 화들짝 놀란 적이 있다. 재미가 없으면 무엇이든 지속하기 어렵다고 생각해 좋아하는 드라마를 보며 대사 따라 하기를 즐겼다고 한다. 새삼 어느 분야든 '마니

아'를 이기긴 힘들다는 생각이 들었다. 노력하는 자가 즐기는 자를 이길 수 없다는 말처럼 말이다.

단조로운 일상에
활력을 더하는 공부

그와 함께 했던 3개월의 입문 과정이 끝나가던 시기에, 그는 연예인 우효광처럼 다정다감한 중국 남자를 만나고 싶다고 했다. 중국 남자들이 정말 여자들에게 잘하고 가사일도 도맡아 하는지 물었고 내가 그렇다고 대답하자 눈이 반짝였다. 그러고는 자신은 예쁜 치파오를 입고 중국 각지를 여행하는 것이 목표라며 내게 이야기해주었다.

그때는 생각 없이 호호 웃으며 정말 즐거울 것 같다고 답했다. 그런데 2년 정도 지난 후였을까. C 학생은 오랜만에 연락해 신이 난 목소리로 목표를 이루었다며 그 성취담을 들려주었다. 중국어를 배우고 나서 이탈리아에서 만난 중국 친구와 위챗으로 연락도 하고, 차마고도 트레킹 후 객잔에서 밤하늘을 보고 누워 등려

군의 노래를 부르는 등 그동안 중국어를 배우며 꿈꿔오던 일을 모두 실천했다는 것이다.

지금도 가끔 그로부터 깜짝 선물처럼 안부 연락을 받는다. 요즘은 어떤 중국 드라마를 새로 정주행하기 시작했고 거기에 나오는 캐릭터들이 너무 매력 있다는 이야기를 들려주면서 말이다.

"저 완전 오랜만에 선생님이랑 같이 공부했던 교재 1권 복습했거든요. 지금도 중국 드라마, 노래를 즐기고 있어요. 요즘은 〈상은〉이라는 중국 드라마를 보고 있어요. 너무 짜릿해요!"

말 한마디 한마디에서 중국어에 대한 열정과 드라마에 대한 애정이 느껴지니, C 학생 같은 사람은 중국어를 못할래야 못할 수가 없겠다고 생각했다.

C 학생은 1년 휴직을 계획하며 중국 대학교 어학당에서 공부해보는 것을 새로운 목표로 삼았다고 했다. 나는 이 학생을 떠올릴 때마다 전래동화 '소금 나오는 맷돌'이 생각난다. 알아서 끊임없이 돌아가며 소금을 생산해내는 특이한 맷돌 덕분에 바다에서 짠맛이 나는 것이라는 이야기 말이다. C 학생에게 있어 중국어란

단조로운 일상에 도전할 거리를 끝없이 만들어주어 삶을 환희로 촘촘히 채워주는 보물상자 같달까.

꾸준함과 성실함의
힘을 믿어라

"나중에 중국 회사에서 일할 생각도 있고요. 무엇보다 중국어로
논문을 써보고 싶은데…. 뭐부터 시작하면 될까요?"

Y 학생이 대학병원 의사 명함을 내밀며 이렇게 물었을 때 괜
히 내가 더 막막해졌다. 의료 분야에서 논문을, 그것도 중국어로
쓰고자 한다니. 내가 과연 어디까지 가르쳐줄 수 있을지에 대한
고민과 지금 막 한어병음을 배우기 시작한다면 원하는 바를 이루
기까지 꽤 오랜 시간이 필요하리란 생각 때문이었다. 그러나 첫
만남에 느꼈던 막연함이 우스워질 정도로 그는 훌륭한 실력을 쌓

아가고 있다. 나의 첫 번째 학생이자 5년째 수업을 이어온 최장기간 수강생이기도 하다.

막상 수업을 시작하고 보니 중국어 논문 쓰기는 그가 설정한 일종의 원대한 목표 정도라는 사실을 알게 되었다. 실제로 그를 움직인 것은 중국 여행이었다. 중국에는 매력적인 도시가 많다. 베이징이나 상하이 같은 전형적인 대도시도 있지만 쓰촨성의 청두나 푸젠성의 샤먼처럼 도시 특유의 분위기가 강한 여행지도 많다. Y 학생 또한 여행 다니는 것을 좋아하는데, 역시나 말이 통하지 않으니 여행 도중 답답했던 경험이 있었다고 했다. 그러다 취미로 중국어를 배워볼까 생각하게 되었는데, 이왕 배우는 거 결과물이 나오면 좋겠다는 생각에 HSK나 논문 집필에 관심을 갖게 되었다는 것이다.

그 학생에게서 가장 배우고 싶은 점은 '성실함'이었다. 그는 내가 그를 가르치는 수년 동안 거의 한 번도 빠짐없이 숙제를 해왔다. 숙제를 성실히 한다는 것은 쉬워 보이지만 실로 대단한 일이다. 매번 수업 말미에 숙제 이야기를 꺼내면 열이면 아홉이 한숨을 푹 쉬거나, 조금만 내주면 안 되느냐며 앓는 소리를 한다. 그러고는 그다음 수업 시간에 죄송하다는 말로 말문을 열며 숙제를 못 했다고 이실직고하는 상황도 빈번하게 일어난다.

아이도 아니고 성인인데 왜 숙제를 하지 않았냐며 잔소리하기도 민망한 데다가 나 또한 학생들 개인의 상황을 헤아리다 보니 숙제 검사는 그리 엄격하게 하지 않는 편이다. 아무리 재미있는 일도 막상 숙제처럼 여겨지면 괜히 하기 싫어지지 않는가? 그러면 사람인지라 가끔은 없는 핑계도 만들어 숙제를 뒷전으로 미뤄놓다가 결국 완수하지 못하게 되는 경우가 생긴다. 그럼에도 불구하고 Y 학생은 항상 내준 과제를 착실하게 완성해왔다. 문제 풀이 숙제를 내줄 때면 한 페이지 정도 더 풀 수 있을 것 같다며 스스로 나서서 양을 늘리기도 한다.

거기에 단어 외우는 속도는 어찌 그리 빠른지 HSK 시험을 하루 앞두고 1천 개가 넘어가는 단어를 하루 만에 암기하는 것을 보고 혀를 내둘렀다. 대치동에서 학원 다니던 학생 시절에는 단어를 못 외우면 심한 체벌까지 받아왔으니 이 정도는 별거 아니라고 하던 게 기억에 남는다. 다만 며칠 지나면 싹 다 잊어버리게 된다고. 그렇다고 해서 벼락치기를 결코 나쁜 공부법이라 생각하지 않는다. 자기만의 방법으로 꾸준히 그리고 성실하게만 하면 언젠가는 목표치에 가까워져 있을 테니까.

새로운 세계를 맞이할
용기를 가져라

학원 강의를 하며 만난 최고령 학습자는 60대 후반 학생이었다. 수업 첫날 늘 그러하듯 한 사람씩 돌아가며 중국어 공부를 결심한 계기와 목표를 발표하는 시간을 가졌는데, 어르신 학생은 본인 차례가 되자 조금 쑥스러운 듯한 목소리로 말했다.

"제 아들이 중국인 며느리를 데리고 왔어요. 명절 때면 다 같이 모이곤 하는데 언젠가 며느리와 중국어로 대화해보고 싶어요. 타지 생활이 외롭고 힘든 법인데, 제가 중국어로 대화해주면 좋은 말동무가 될 수 있을 것 같아요. 그리고 저는 나이 들어서 탑골공원에가 있는 대신 세계 여행을 다니고 싶거든요. 중국 이곳저곳을 누비면서 노년을 재밌고 알차게 보내고 싶어요."

학생의 용기에 마음이 사뭇 뭉클해졌다. 흔히 나이가 들면 현재에 안주하게 된다고 한다. 중국 유학시절 나를 잠깐 돌봐주셨던 큰이모 역시 사람이 나이가 들면 겁이 점점 더 많아진다고 말씀하셨다. 아무래도 낯선 것들에 대한 두려움 때문에 새로운 시도보다 제자리에서의 안정을 택하게 되기 때문일 테다. 그런데 내가 만난 어르신 학생은 정말 달랐다.

칠십 가까운 평생 동안 발음해보지 않았던 zh, ch, sh 발음을 내보겠다고 쉬는 시간에도 책상에 붙어 쉴 새 없이 연습했다. 마음처럼 되지 않을 때는 이따금씩 주눅 든 모습을 보이기도 했지만, 잠시 주눅은 들지언정 절대 포기하는 법이 없었다. 단 하루도 빼놓지 않고 수업에 참석했고, 마지막 과정까지 수강 첫날처럼 열정적으로 배우고 연습했다. 마지막 수업이 끝나던 날, 어르신 학생은 덕분에 이번 설날 며느리에게 중국어로 인사 한번 해보려고 한다며 무척 뿌듯해하는 모습이었다.

학생들을 가르치면서 "저 이제 머리가 굳어서 공부가 힘들어요."라는 우는 소리를 정말 많이 듣게 된다. 재밌는 건 이 말을 중학생에게 들은 적도 있다는 사실이다. 초등학교 다닐 땐 그래도 새로 배운 단어를 곧잘 외웠으나 중학생이 되니 혀도 굳고 머리도 굳어버렸다나. 그런 말을 하는 이들에게 60대 학생의 이야기를 들려주면 약속이라도 한 듯 절로 숙연해진다.

학습에 있어 나이는 크게 중요치 않다. 무엇보다 중요한 건 학습에 대한 의지와 태도라는 사실을 잊지 않았으면 좋겠다. 学无止境, 배움에는 끝이 없다. 어차피 끝없이 배워나가야 하는 게 인생이라면 언어 공부를 7살에 시작하나 70살에 시작하나 크게 다를 것 없지 않을까?

수업 첫날, 그 학생의 말을 듣고 머리에 번개를 맞은 듯 짜릿했다. 내가 입에 침이 마르도록 이야기했던 것들, 그러니까 중국어를 통해 새로운 기회가 열리고 더 넓은 세계가 확장될 것이라 했던 말들을 '탑골공원 대신 세계 여행'이라는 단 한 마디로 압축한 셈이다.

부끄럽게도 나는 아직 노년에 대해 깊이 생각해본 적 없다. 그러나 살아 숨 쉬는 한 언젠가는 나이가 들어, 지금보다 좀 더 쇠약해지고 좀 더 외로워지는 날을 맞이할 것이다. 그때의 나는 결코 나이가 들었다는 이유만으로 탑골공원 같은 한 우물에만 머물다 가고 싶진 않다. 우물 밖을 기웃거리기도 하고 다른 우물에 들어가보기도 하며 세상을 기꺼이 체험하고자 한다. 이때 필요한 건 단 하나, 용기다. 60대에 대담하게 새로운 도전을 시작한 나의 학생처럼 말이다.

표준어와 방언의 차이는
어느 정도인가요?

A 이 질문에 답변하기 전에 먼저 표준어와 베이징어는 다르다는 것을 짚고 가야 한다. 중국의 표준어를 '보통화'라고 하는데, 우선 이 보통화의 정의를 한번 살펴보자.

보통화(普通話): 북방어를 기초방언으로 하고, 북경어음을 표준음으로 하며, 모범적인 백화문저작을 어법규범으로 삼는 한(漢)민족의 공통어.

말이 어렵게 느껴지지만 키워드를 정리해보면 간단하다. 북방어, 북경어음, 백화문(구어에 가까운 글말), 한족 언어. 이 네 가지 조건이 충족되어야 '표준어'라고 부를 수 있다. 우리가 흔히 베이징어를 표준어라고 생각하지만, 사실 '베이징 사투리'도 있다. 표준어와 베이징 사투리는 큰 틀에서 비슷하긴 하지만 어휘, 발음 등에서 분명 차이가 있다.

한 부산 친구가 이렇게 말한 적이 있다. "서울말은 너무 오글거려! 평생 김치찌개만 먹고 살다가 갑자기 치즈 잔뜩 올라간 크림파스타를 먹는 기분이야." 그 친구의 표현이 굉장히 흥미로워 "그럼 너는 뉴스 보거나 영화 볼 때도 항상 오글거린다고 생각해?"라고 물었다. 친구는 서울말이 오글거릴 뿐이지 표준말은 괜찮다고 답했다. 보통화와 베이징 방언도 딱 그 정도의 차이인 것 같다. 베이징에서 오래 생활한 사람들은 구분해낼 수 있지만 보통은 비슷하다고 느끼는 정도다.

그럼 다양하다고 소문난 중국의 방언들 사이에는 어느 정도의 차이가 존재하는 걸까? 중국어에는 크게 7대 방언이 있다. 북방방언, 오방언, 상방언, 감방언, 객가방언, 민방언, 월방언 등인데, 그중 70%의 인구가 북방방언을 사용한다. 이렇게 대부분의 사람들이 사용하는 방언이자 앞서 언급한 베이징 사투리도 북방방언에 속하는데, 이 북방방언은 일명 '찐 토박이'들의 말이 소실되어 가면서 점점 더 표준어와 닮아가는 추세다.

반면 월방언은 전혀 다른 나라의 언어처럼 들린다. 1장에서 언

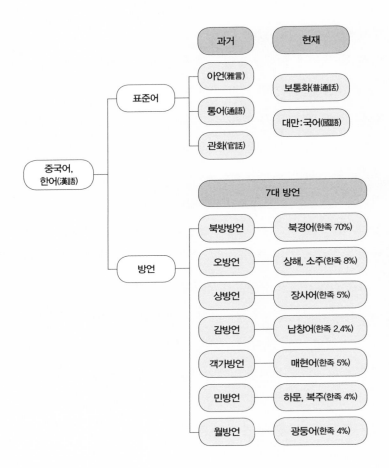

중국 표준어와 방언의 분류

급했던 '광둥어'가 바로 월방언이다. 월방언은 표준어와 발음이나 어휘에서 차이가 있을 뿐만 아니라 문자까지 다르게 쓰인다. 예를 들어 '감사합니다'라는 인사를 표준어로는 '씨에씨에(谢谢 [xièxie])'라고 하는 반면, 광둥어로는 '음 꼬이(唔該[m4 goi1])'라고 한다. 한자도 다르고 발음도 다르다. 심지어는 같은 한자도 다르게 읽는다. '안녕하세요'라는 인사인 你好를 표준어로는 '니하오 [nǐ hǎo]'라 발음하지만, 광둥어로는 '네이호우[néi5 hou]'라 발음한다. 애당초 표준어는 성조가 4개인 반면 광둥어는 성조가 6개나 되니 아예 외국어처럼 들리는 게 당연해 보인다. 마치 서울 사람이 제주 방언을 알아듣지 못하는 것처럼 말이다. 그러니 중국 내륙에서도 방언만 구사할 줄 아는 사람과 대면하는 상황에서는 방언 통역사를 고용하기도 한다.

지금까지 중국 방언이 얼마나 다양한지에 대해 이야기해보았다. 그래서 중국 영화나 드라마는 사투리 뉘앙스가 심한 배우들로 인해 더빙, 즉 후시녹음으로 제작되는 경우가 굉장히 많다. 개인적으로 후시녹음을 한 드라마는 특유의 어색함 때문에 몰입이 쉽지 않은데, 중국 사람들은 워낙 더빙된 영상에 익숙해서인지 그 자체를 자연스럽게 받아들인다고 한다. 우리나라 배우들이 중국 미디어로 보다 쉽게 진출할 수 있는 것도, 방언을 덮기 위한 더빙 작업이 보편화된 덕일 것이다. 어눌한 중국어 대사를 전문 성우가 커버해줄 수 있기 때문이다.

같은 듯 다른 듯,
중국 vs. 대만 중국어

버블티, 펑리수, 망고빙수 하면 떠오르는 곳, 바로 한국인들이 사랑하는 식도락 여행지 대만이다. 그런데 이 대만에서 사용하는 중국어와 중국 대륙에서 쓰이는 중국어가 조금 다르다는 사실, 알고 있는가?

우선 사용하는 한자가 다르다. 대만에서 사용하는 한자는 우리가 익히 알고 있는 한자 즉 '번체자'지만, 중국에서는 앞서 설명했듯이 '간체자'를 사용한다. 한국에서 중국어를 배운다고 하면 일반적으로 이 대륙식 중국어를 가리킨다.

번체자 漢字

간체자 汉字

대표적인 차이로는 '발음'을 꼽을 수 있다. 대륙식 중국어는 얼화음(儿化音)을 많이 사용한다. 이는 특히 베이징을 포함한 중국 북부 지역에서 많이 쓰는 어법으로, 일부 단어 뒤에 얼(儿[er]) 자를 붙여 부드럽고 편안하게 발음하거나 단어의 의미에 변화를 줄 때 사용한다. 예를 들어 '수다 떨다'라는 뜻의 랴오티얼(聊天儿[liáotiānr]), '놀다'라는 뜻의 왈(玩儿[wánr]) 등이 있다.

그러나 대만에서는 얼화음을 사용하지 않는다. 예시로 적은 두 단어도 대만에서는 각각 랴오티엔(聊天[liáotiān]), 완(玩[wán])처럼 儿 자를 빼고 말한다.

앞서 대만 드라마를 소개하며 '도시락'을 예로 들어 설명했듯, 일부 단어는 다르게 부르기도 한다.

	중국	대만
지하철	地铁 [dìtiě]	捷運 [jiéyùn]
택시	出租车 [chūzūchē]	計程車 [jìchéngchē]
자전거	自行车 [zìxíngchē]	腳踏車 [jiǎotàchē]
감자	土豆 [tǔdòu]	馬鈴薯 [mǎlíngshǔ]

파인애플	菠萝 [bōluó]	鳳梨 [fènglí]
토마토	西红柿 [xīhóngshì]	番茄 [fānqié]
북한	朝鲜 [cháoxiān]	北韓 [běihán]
일회용 밴드	创可贴 [chuāngkětiē]	OK绷 [OK bēng]

이처럼 같은 뜻의 단어를 다르게 칭하기도 하고, 같은 한자지만 서로 다르게 읽기도 한다.

	중국	대만
쓰레기(垃圾)	라지 [lājī]	르어쓰어 [lèsè]
~와(和)	흐어 [hé]	한 [hàn]

또한 대만에서는 주로 문장 끝에 다양한 어기조사를 붙여 말한다. 예를 들어 '좋아'라는 뜻의 하오(好)는 하오아(好啊), '고마워'라는 뜻의 씨에씨에(谢谢)는 씨에씨에라(謝謝啦)처럼 표현하는 식이다. 이 외에도 중국은 알파벳 발음 표기인 '병음'을 사용하고, 대만은 한자형 발음 표기인 '주음'을 사용하는 등의 차이가 있다.

중국과 대만의 같은 듯 다른 중국어를 미리 알아둔다면, 대만 여행에서 내가 배운 것과 다른 중국어를 마주쳤을 때도 당황하지 않고 오히려 재밌게 즐길 수 있을 것이다.

에필로그

중국어가 행복의
지름길이 되길 바라며

철학자 니체는 『차라투스트라는 이렇게 말했다』에서 우리가 우리 삶의 주인이 되어야 한다고 말하며 인간의 정신이 단계별로 진화하는 과정을 세 단계로 나눕니다. 그 첫 번째는 '낙타'입니다. 묵묵히 짐을 짊어지고 운명에 순응하며 길을 나아가는 단계입니다. 두 번째는 '사자'입니다. 이 세상에 맞서 싸우며 자유를 쟁취하려는 정신을 나타냅니다. 마지막 단계는 '아이'입니다. 호기심을 바탕으로 새로운 가치를 창조해내는 단계죠. 창조와 가능성으로 똘똘 뭉쳐 있는 어린아이의 모습을 떠올려보세요. 정말이지 근사하지 않나요? 그렇다면 여러분들은 어느 단계에 머물러 있나요? 혹은 어느 단계를 지향하고 있나요?

중국어를 배우러 오는 학생 중에는 시험을 위해 어쩔 수 없이 공부를 인내하는 '낙타형'도 있고, 이직을 통해 좀 더 자유로운 워라밸을 누리고자 하는 '사자형'도 있고, 새로운 것에 대한 호기심으로 스스로를 발전시키고자 하는, 그래서 자기 삶에 멋진 에피소드를 만들고 싶어 하는 '아이형'도 있습니다.

그러나 그 이유가 어쨌든 간에 공통적인 사실은, 중국어라는 새로운 분야에 도전장을 내민 그들에게서 자기 삶을 열심히 살아내고자 하는 의지가 느껴진다는 것입니다. 세상에 대한 호기심이 왕성하며 그 갈증을 해소하기 위해 실천할 힘이 있는 이들은 어쩌면 뭘 해도 잘될 수밖에 없는 기질을 필연적으로 타고난 걸지도 모르겠습니다. 이 책을 완독한 당신처럼요.

혹자는 저를 단지 조기교육의 수혜자 정도로 생각할 수 있겠습니다. 언어 학습에 이상적인 환경에서 자란 것은 사실이나, 혜택을 편하게 누렸다기에는 혼자서 몸으로 부딪치고 깨져가며 배운 시행착오의 결과물이 대부분이었습니다. 그렇기 때문에 더욱이 지난 경험을 나누고 싶었습니다. 제가 축적한 성공과 실패의 데

이터를 재료 삼아 독자분들의 학습에 견고한 지름길을 만들어주고 싶었던 것입니다.

무엇보다 '하면 된다'는 메시지를 가장 먼저 전하고 싶었습니다. 저는 아무것도 모르는 9살 때 낯선 중국 땅에 던져져서는 헬렌켈러처럼 생존형 회화를 더듬더듬 배워나갔습니다. 제가 잘나서도 똑똑해서도 아닙니다. 배움이 일상이 되다 보니 의식하지 못한 사이에 귀가 트이고 입이 트였습니다. 거기에 노력을 더하니 읽기, 쓰기 실력이 쌓이기 시작했습니다. 그저 나름의 목표 의식을 가지고 남들이 하는 것보다 좀 더 열심히 했을 뿐입니다. 여러분들께서는 9살의 저보다 훨씬 더 멋진 목표를 세울 수 있고, 엉덩이를 붙이고 앉아 공부할 수 있는 끈기를 갖고 있습니다. 잠깐의 정체기에 흔들리지 않고 꾸준한 학습 태도만 유지한다면 실력은 자연스레 따라올 것이 분명합니다.

'하면 된다'는 격려는 누구나 할 수 있는 것일 수도 있습니다. 따라서 과연 중국어 공부는 어떻게 해야 하는지, 구체적인 방법까지 공유했습니다. 학습 방법부터 알아두면 좋은 표현들까지, 그동안 누적했던 교육자로서의 팁을 최대한 풀어내고자 했습니다.

마지막으로 중국어를 잘해서 소중한 기회를 많이 만나게 되었다는 이야기는 단순히 자랑거리처럼 꺼낸 것이 아닙니다. 평범한 제가 조금은 특별한 삶을 살게 된 명확한 계기가 바로 '중국어'였습니다. 다양한 분야의 사람을 만나게 되었고 덕분에 세상을 바라보는 시야가 넓어지게 되었죠. 방송사 통역이 아니었다면 중국어 리포터를 도전할 엄두조차 내지 못했을 테고, CEO와 수업하며 그들의 이야기를 듣지 않았더라면 사업을 시작할 생각조차 하지 못했을 것입니다.

　게다가 중국어를 배운다는 것은 새로운 언어를 활용하는 것을 넘어서 남들이 어렵게 여기는 언어를 습득해냈다는 성취감을 선사합니다. 이러한 성취감은 자기효능감을 높여주어 앞으로 살아가는 데 있어서도 큰 용기를 불어넣어주니까요.

　최근 자신을 '지나가던 아줌마 팬'으로 칭한 분으로부터 SNS 메시지 한 통을 받았습니다. "선생님은 어린 나이에 참 당차고 예뻐요. 삶이 자신에게 어떤 의미를 갖고 있는지 정확히 알고 살아가는 분 같아 응원하게 됩니다." 이 메시지를 보고 기분 좋았던 것도 잠시, 제가 이런 격려를 들을 자격이 있는 사람인지 고민해보았습니다.

오랜 생각 끝에 이러한 생각이 들더군요. 남들이 저를 무슨 일이든 당차게 해낼 수 있는 사람이라 믿는 만큼 제 스스로도 그리 믿어주는 게 옳다고요. 자기효능감이 바로 그런 믿음의 근거가 되어줍니다.

중국어를 배우려고 하거나 배우고 있는 분들은 시도 자체로 그 의욕과 진취성이 증명된 것이나 다름없습니다. 제 경험을 바탕으로 한 학습법을 통해 차근차근 학습 성취를 이루시길 원합니다. 이로써 원대한 자아실현이 되었든 소소한 자기만족이 되었든, 그것이 여러분들에게 행복을 가져다주는 도구로 유용히 쓰이길 진심으로 소망합니다.

중국어 공부
그거 그렇게 하는 거 아닌데

초판 1쇄 발행 2021년 4월 15일

지은이 | 서수빈
펴낸곳 | 원앤원북스
펴낸이 | 오운영
경영총괄 | 박종명
편집 | 이한나 최윤정 김효주 이광민 강혜지 김상화
디자인 | 윤지예
마케팅 | 송만석 문준영 이태희
등록번호 | 제2018-000146호(2018년 1월 23일)
주소 | 04091 서울시 마포구 토정로 222 한국출판콘텐츠센터 319호(신수동)
전화 | (02)719-7735   팩스 | (02)719-7736
이메일 | onobooks2018@naver.com   블로그 | blog.naver.com/onobooks2018
ISBN 979-11-7043-188-6 03320